高等教育的体系建构与管理研究

王海彬◎著

中国财富出版社有限公司

图书在版编目（CIP）数据

高等教育的体系建构与管理研究 / 王海彬著. —北京：中国财富出版社
有限公司，2023.5
ISBN 978-7-5047-7937-3

Ⅰ.①高… Ⅱ.①王… Ⅲ.①高等教育—教育管理—研究—
中国 Ⅳ.①G649.2

中国国家版本馆CIP数据核字（2023）第088610号

| 策划编辑 | 郑晓雯 | 责任编辑 | 敬 东 张思怡 | 版权编辑 | 李 洋 |
| 责任印制 | 尚立业 | 责任校对 | 卓闪闪 | 责任发行 | 董 倩 |

出版发行	中国财富出版社有限公司		
社 址	北京市丰台区南四环西路188号5区20楼	邮政编码	100070
电 话	010-52227588 转 2098（发行部）	010-52227588 转 321（总编室）	
	010-52227566（24小时读者服务）	010-52227588 转 305（质检部）	
网 址	http://www.cfpress.com.cn	排 版	宝蕾元
经 销	新华书店	印 刷	北京九州迅驰传媒文化有限公司
书 号	ISBN 978-7-5047-7937-3 / G·0796		
开 本	710mm×1000mm 1/16	版 次	2024 年 8 月第 1 版
印 张	12.25	印 次	2024 年 8 月第 1 次印刷
字 数	201千字	定 价	55.00 元

前言

　　高等教育体系以结构为基础、以关系作联结。高质量教育体系包含结构匹配社会、关系纵横协调、体系流动通畅、调节适时自动等要素。高等教育管理是教育管理活动的重要组成部分。随着高等教育在社会政治、经济、文化、科技等方面发挥越来越重要的作用，人们更加重视对高等教育活动的管理。如何使高等教育管理与时俱进，发挥对高等教育发展的引领和支撑作用，是现代高等教育管理研究必须回答的课题。

　　鉴于此，笔者撰写了本书，在内容编排上共设置六章：第一章作为本书论述的基础和前提，主要阐释高等教育目的与本质、高等教育的一般运行规律、高等教育的主要功能、高等教育的发展与展望；第二章是高等教育的不同主体建构，内容涵盖高等教育中教师能力与专业化、高等教育中学生个性发展、高等教育中师生良好关系的建立；第三章至第五章对高等教育体系的系统建构、高等教育管理体系及其活动、高等教育管理制度创新进行深入探究；第六章突出实践性，围绕高等教育柔性管理范式与实践策略、高等教育国际化背景下的教学管理实践、基于高校辅导员专业化的教育知识管理、"互联网+"时代高等教育管理的创新实践进行研究。

　　全书内容丰富详尽，客观实用，具备较强的时代性、系统性、操作性和可读性，对高等教育理论进行了深度分析。同时，紧密结合时代发展潮流，比较全面地阐释了高等教育管理的创新发展。

　　本书在撰写时参考了很多相关的研究文献，也得到了许多专家和老师的帮助，在此真诚地表示感谢。在成书过程中，笔者虽然翻阅了无数资料，进行了多次修改与校验，但由于水平有限，书中难免会有疏漏，恳请广大读者批评指正。

目录

第一章
高等教育的理论体系

第一节　高等教育目的与本质

一、高等教育目的

高等教育的目的是在进行教育活动之前，人们对教育活动结果的一种预计和设想，是培养人的质量规格标准的总要求。学校教育都有比较明确的教育目的。一般而言，学校教育可以比较恰当和有效地把社会发展对人的发展要求转化为教育要求和受教育者自身的发展要求，并根据受教育者的发展水平及发展的特点和规律，为其预设进一步的发展质量和规格，体现了一种教育理想。高等教育目的是教育活动的出发点和归宿，是衡量教育活动成效的基本标准。任何教育活动在影响受教育者发展方面都有目的、价值取向，都有要把受教育者培养成怎样的人的预期要求，但相对而言，学校教育的教育目的更为明确、一致，这是学校教育在引导和促进受教育者发展方面更为有效的重要原因。

（一）高等教育目的的主要特性

由于高等教育是完成中等教育基础上的专业教育，所以高等教育的目的，具体是指把接受过中等教育的人培养成社会所需的高级人才，它规定了所要培养的人才的基本要求。

第一，时代性。高等教育目的的提出要紧跟时代发展的步伐，做到与时俱进。

第二，客观性。高等教育目的不是无中生有的，它是建立在某种客观可能性基础之上的，是人们对客观现实的主观反映。

第三，稳定性。高等教育目的的提出既要与时俱进，还要有一定的稳定性；既要有一定的现实目的，还要有终极目的。现实目的可能随着社会的变化而变化，而终极目的是恒定的。

第四，差异性。在不同的社会制度、文化背景下设定的高等教育目的应有所差异，不能一概而论。

第五，继承性。高等教育目的的制定受一定的社会经济、文化等因素的制约，但教育发展本身又具有相对独立性，突出体现为在确立教育目的时，不但必须借鉴前人的相关教育理论研究成果，而且要考虑到对以往确立的高等教育目的的批判继承。

（二）高等教育目的的四个层面

从宏观的角度来划分，"一般把高等教育目的划分为四个层面，一个是国家层面，一个是高等教育层面，一个是高校层面，一个是专业层面"[①]。我国高等教育的目的是从国家层面来制定的。"由国家确定的高等教育目的可以分为指令性高等教育目的和指导性高等教育目的。指令性高等教育目的是指以法律法规的形式赋予高等教育目的以法律效力，高等教育机构和教师必须执行；指导性高等教育目的是指由教育主管部门提出的高等教育目的，对高等教育机构与教师仅具有建议性质。我国的高等教育目的属于指令性高等教育目的。"[②]

从微观的角度即高等教育内部系统来划分，高等教育的目的主要是指从事高等教育工作人员的目的，包括教育行政工作者、各级各类研究人员及教师等，他们希望经过一个阶段的高等教育以后，受教育者能达到其在心理、技能和人格特征等各方面的预期效果。当然，学生和家长以及从事高等教育的人员和机构，如有关高等教育法律的起草者和制定者，与高等教育有关的各种社会利益集团等，在一定程度上也会影响高等教育目的的确立，有时甚至起着决定性作用。近年来，鉴于以往高等教育目的的内容过多地关注社会

① 单鹰.高等教育原理论[M].北京：教育科学出版社，2008：155.
② 王志彦.对我国高等教育目的的思考[J].长春工业大学学报（高教研究版），2009（2）：4-7.

及国家的利益，人文关怀色彩较淡，特别是对学生的全面发展和个性发展的关注不够。国家将越来越重视高校、社会在高等教育目的确立过程中的参与度，未来高等教育目的的确立将会更加科学和合理。

二、高等教育的本质分析

高等教育必须通过培养人才这一基本活动发挥作用。对于人才的培养，主要是对其价值观的培养，同时对其行为方式进行塑造，即养成一种良好的行为习惯，培养一种理想人格。价值观的培养和行为方式的塑造虽然是在实现一定的目的，但这一过程是一种"文化化"的过程，也就是使人具有某种价值观和行为方式，包括拥有某种知识和职业能力，达到某种专业水平，这是教育活动的本质。此外，对于高等教育本质的问题，主要有以下不同观点。

第一，一般属性说。所谓属性，从逻辑范畴而言，指一个事物所具有的上位概念的普遍特征，同时具有自身的独特性，正如对事物的定义方式一样，它代表属加种差①。从这个意义上来看，高等教育的上位概念无疑是教育。因此，高等教育概念的界定就是"教育＋高等"。显然，高等是高等教育的独特性，而教育是高等教育的一般属性。如果一般属性就是事物的本质属性，那么高等教育的本质就是教育。这个推论在理论上是成立的，但似乎没有实际意义，因为它是一种同义反复，不能解决现实问题，充其量只能回答高等教育也是一种培养人才的活动而已。

第二，特殊属性说。特殊属性即事物与其他事物相互区别的属性，这显然是对于教育内部而言的。认识高等教育的本质，就需要把高等教育与其他类型和层次的教育区别开来，因此，高等教育不仅具有教育的一般属性，还具有独特性，其独特性在于它是培养具有高级专门知识和才能的人，以满足社会对高层次专门人才的需要。显然这是对高等教育中的高等作的一种具体界定，比较符合通常意义上对高等教育概念的理解。由此可见，满足社会需

---

① 属加种差是一种常用的定义方法，又称真实定义、实质定义，指如果一个概念 B 的外延集合是另一个概念 A 的外延集合的真子集，我们称作概念 A 是概念 B 的属概念，概念 B 是概念 A 的种属性，具有这种关系的概念之间称作具有属种关系的概念。在同一属概念里，种概念 A 具有其他种概念不具有的本质属性的差别，称作种概念 A 的种差。

要正是高等教育应当履行的职责，但这仅仅是从社会分工的角度而言的。换言之，高等教育理想与现实之间还存在距离，我们不能以预期状态来衡量高等教育的功能，必须从高等教育实际发挥的作用来看它的功能状况。

第三，结构产生功能说。结构产生功能说也是社会学研究中普遍认同的功能主义理论，指不同的组织结构会产生不同的功能。换言之，高等教育的结构不同，其产生的功能就不同。显然，这个思路的重点不是考察高等教育具有怎样的功能，而是考察其结构或具体构成。其一，它反映了某种社会意志，特别是占据主流意识形态的意志；其二，它反映了高等教育活动组织者和参与者的意志。不同意志的存在代表着不同价值观的存在，从而代表不同思维方式和行为方式的存在。在这个意义上，高等教育成为一种文化的存在。这与"教育属于文化的一种形态"的判断是一致的，因此，高等教育的本质就是文化。

另外，高等教育结构还是一个演化的过程，这个过程中的文化积淀使高等教育形成了自身的传统，包括组织方式和活动内容。但高等教育的变化是永恒的，因为时代在发展，人们的思想意识也在变化，最终高等教育的组织形态也就发生了变化，这些变化具体体现在对培养目标的认识、课程内容的认识、课程结构、教师内部的互动方式、教学风格，以及学生的行为方式上，这些方面都带有高等教育组织文化的烙印。所以，高等教育的教育活动本身是有形的，但它产生的影响是无形的，因为它时时刻刻都在影响人们的思维方式和行为方式。从这个意义上讲，高等教育的本质属性是文化属性确实是成立的。

第二节　高等教育的一般运行规律

教育规律是教育现象与其他社会现象及教育现象内部各要素之间本质的、必然的联系或关系。探索教育规律，离不开对教育现象和教育问题的研究。但不能只是表面描述教育现象和问题，而要对多种教育现象进行分析和综合，把感性经验上升为理性认识，形成系统的理论，进而指导人们的教育实践。高等教育实践需要遵循高等教育基本规律，高等教育实践的跨越更需要高等教育对基本规律理论认识的突破和质的飞跃，使人们对于高等教育这种现象有较为高度抽象且更合乎规律的认识。

教育规律是一种确定性规律，不能把探索教育规律等同于寻找简单的线性教育因果关系。事实上，教育是有序与无序、确定性与不确定性统一的复杂系统，教育中不存在严格的线性因果关系。教育规律主要表征为统计性规律和非线性规律，即教育因果关系不仅具有客观性和决定性，也具有统计性和选择性，还具有非线性和多向度性。确定性规律是一种建立在牛顿力学基础上的规律类型，意指可以根据物体的初始状态来准确判断物体的整个运动，预知物体每个定时点上的位置和运动速度及运动状态。主要表现为因果必然联系的、内在的、定量的规律性，也就是我们过去所认为的本质的、确定性的联系，也有人称之为普遍的教育规律或必然的教育规律。统计性规律表现为偶然现象或因果偶然联系的、外在的、定量的规律性。非线性规律是教育系统或教育活动中表现的确定性与随机性相统一的、内在的、定性的规律性。

一、高等教育规律的分类观点

目前有关高等教育规律的分类，仍然沿袭了对教育规律的分类与表述方式。关于教育规律的分类有很多，20 世纪 80 年代至今，国内学界对教育规律讨论的结果进行归纳，仅对已提出的教育规律分类就有 13 种之多，其中有代表性的观点主要有以下三种。

第一，按教育——社会现象说分类。这种观点把高等教育作为一种社会现象，将教育与社会其他子系统的关系概括为教育的外部关系规律，将教育内部诸因素之间的关系概括为教育的内部关系规律。这种分类方式是由潘懋元先生首先提出来的。由于这种分类简洁明了，便于理解和操作，一经提出就在教育理论界和教育实践中产生了广泛的影响，但也引起了一些误解和争论。

第二，按教育规律作用的形式、范围和层次分类。按这种分类标准，可以将教育规律划分为一般规律与特殊规律，动态规律与静态规律，以及教育的基本规律、学校教育规律和学校内部具体教育工作规律。但是，静态规律的说法并不科学，一般规律与特殊规律的说法也很难准确概括教育诸方面的关系，并且将规律分层次地加以论述，客观上容易使人忽视对教育基本规律的研究。

第三，按分类学科的原理分类。按分类学科的原理，将教育规律一级类目分为绝对规律与一般规律，二级类目分为教育本体规律与教育边缘规律，并逐级细分，从而构成一个教育规律分类学体系。但这种分类及表述的实际运用还值得商榷。

二、高等教育规律的深度认识

当前对高等教育规律的表述，基本上仍是基于"规律就是关系"这一基本观点，围绕高等教育与社会各方面及人的发展的关系展开论述。这种论述虽然细致、周到、缜密，但它毕竟只是在关系范围内展开，而对高等教育本体的发展变化趋势并未涉及，因此这样的结论是不全面的。从哲学的观点看，事物的发展既有一般规律，又有特殊规律。一般规律反映的是事物在常规状态下发展的必然性，具有普遍意义；而特殊规律反映的是事物在某种特定状态下发展的必然性，受条件约束，具有局部意义。教育这一特定事物，也同样存在一般规律和特殊规律。教育的一般规律对所有类型、层次的教育的发展都具有必然性和适应性，高等教育也包含其中。而教育的特殊规律只适应于某种特定类型、层次或某种特定条件下的教育，但相对特定的教育而言，它又可以称为一般规律。

因此，在高等教育学著作与教育学著作中表述基本相同的教育规律，都是教育的一般规律，是适应于包括高等教育在内的所有教育的。这种表述忽略了对高等教育自身一般规律的探讨，在高等教育学中还应该讨论适应高等教育这一特定形式的教育的规律，即高等教育的规律；从高一级别的教育的视角看，是教育的特殊规律问题。

第三节　高等教育的主要功能

高等教育的功能就是高等教育所具有的功效以及能发挥这种功效的能力总称。简言之，就是回答高等教育对人类社会发展和人的发展所能起到的作用。当然，教育的功能是多方面的。从作用的对象看，教育功能可分为个体功能和社会功能；从作用的方向看，教育功能可分为正向功能和负向功能；从作用的呈现形式看，教育功能可分为显性功能和隐性功能。甚至还可以据此进行多维度的复合分类。

众所周知，教育最基本的功能不外乎两项：教育的个体发展功能和教育的社会发展功能。即教育促进人的发展和教育促进社会的发展。高等教育作为教育的一个子系统，也具有促进人的发展和促进社会发展这两项基本功能。

一、高等教育的个体功能

高等教育的个体功能是高等教育对个人所起的作用，也就是高等教育要促进个人的身心发展。高等教育对每个人施加影响，满足每个人的求知欲望，在帮助每个人实现目标的过程中和基础上，体现其功能和价值。"在高等教育的功能体系中，个体功能是其最基础的功能"[①]。

（一）促进个人掌握知识

教育的基本功能是传授知识、发展能力。高等教育在促进人的发展中，传授知识、发展能力是其最基本的价值。接受高等教育意味着个人知识量的增长和知识结构的完善。在大学这个环境里和在教师的指导下，学生能够以较少的时间获得大量知识，这是非高等教育环境里的人在等量时间里难以企及的。而且高等教育能使人的知识结构更完善，与中等教育、初等教育相比，高等教育传授的知识更高深、系统，高等教育更注重专业知识的教学，因此，它使受教育者个体的知识结构更完善。

同时，高等教育能促使个人智力迅速发展，能力不断提高，因为知识与能力是紧密联系在一起的。而且经过高等教育阶段的学习，个人会形成符合自己特点的学习方法，终身受用。特别是在大学阶段还能培养个人的研究能力（这是其他教育阶段没有的条件和环境），并通过高校的专业教育实践，实现由学校学习到社会实践的转换，为跨出校门、走上社会奠定在实践领域有所创造的能力基础。

---

① 钟玉海. 高等教育学 [M]. 合肥：合肥工业大学出版社，2005.

（二）提升个人精神境界

大学一直被赋予崇高的社会地位，被称为文明之地。提高个人文化素养始终是高等教育功能体系中重要的组成部分。在培养大学生文化素质中发挥很大作用的，不仅有大学中设置的课程与安排的一些活动，还有大学的精神氛围和独特的校园文化等潜在因素。大学的精神氛围和校园文化与社会上其他一些机构的精神氛围相比，更具有求真、创造、文明程度高的特点，这些潜移默化的影响对人的一生都是丰富、深刻、持续的。

二、高等教育的社会功能

高等教育的社会功能是高等教育对社会所起的作用，也就是高等教育要促进社会的发展。高等教育作为社会的一个活动领域，对社会所起的作用是自始至终存在的，通过其特定的活动来促进社会经济、文化等方面的发展和进步，从而对社会起到巨大的推动作用。

第一，高等教育的经济功能。高等教育的经济功能主要表现在三方面：一是高等教育培养的高级人才是经济增长永恒的动力；二是高等教育可大幅提升劳动生产率；三是高等教育以科学研究服务于社会经济发展。

第二，高等教育的文化功能。高等教育的文化功能主要包括三点：一是高等教育具有传递与保存文化的功能；二是高等教育具有选择与整理文化的功能；三是高等教育具有创造与更新文化的功能。

第四节　高等教育的发展与展望

我国高等教育发展的演进与时代环境具有十分密切的关系。随着现代化及高等教育普及化时代的到来，我国高等教育又将处于新的历史阶段。在新的历史阶段，我国的经济社会发展已不局限于物质经济水平的增长，而是在物质经济增长的基础上，重视追求经济结构的优化、科技文化的增强、社会文明程度的提升以及国民生活质量的提高。高等教育是人才培育的基地，是社会发展的重要依靠和动力之源，是国家强大的基础和直接生产力。面临新的经济社会发展形势，我国高等教育不能再延续从前的发展方式，否则将很难实现科学、可持续发展。从当前高等教育毛入学率看，我国高等教育已迈入普及化阶段。高等教育普及化阶段的主客体需求变化对高等教育的发展方式也提出了新要求。结合我国高等教育发展方式演进的历程与逻辑，未来我国高等教育可以从以下几方面着手，以实现新时代高等教育发展方式的转型。

第一，承担多重使命，形成多元主体协同发展。高等教育是一个丰富的、复杂的社会子系统，这也意味着高等教育不能完全脱离外部环境，否则高等教育活动将失去意义及实践支撑。因此，高等教育在履行本体职能之余，也将在一定程度上肩负起科学研究、社会服务等多重使命。未来，我国高等教育发展方式将会越来越受到不同利益群体多元化诉求的影响，如市场、高校、其他社会组织等。因此，我国高等教育应继续优化治理体系及结构体系，形成多元主体协同发展态势。

第二，强化本体价值，实现高等教育引导式发展。高等教育的本体价值应当包括育人价值与高深知识的创造价值两方面。未来，我国想提升国际竞争力，实现高等教育科学、可持续发展，必须深刻认识高等教育的本质，重视和强化高等教育本体价值，实现高等教育引导式发展。过去，我国高等教育以提升适应性为核心，将重点放在适应经济发展的需求上，工具性价值取向突出。这说明经济社会的变革对高等教育的发展既有积极的影响，也有消极的作用。

第三，立足主要矛盾，实现高等教育纵深式发展。规模扩张式发展方式给我国高等教育带来了一系列问题，未来我国高等教育发展的主要矛盾依然以结构性矛盾为主。立足国内环境看，高等教育供给与人们对高等教育的需求不平衡的矛盾是高等教育面临的主要矛盾之一。这种不平衡主要体现在供给结构与需求结构、供给质量与需求质量之间的不平衡。立足国际环境看，高等教育的输入与输出存在不平衡，体现在留学生输入输出数量及质量、高等教育理论的引进和输出存在较大逆差。因此，未来我国高等教育要加快推进结构质量的改善和提升，扩充和丰富高等教育的内涵，实现高等教育纵深式发展[①]。

---

① 赵庆年，李玉枝.我国高等教育发展方式的演进历程、逻辑及展望[J].现代教育管理，2021（8）：34-42.

　　综上所述，我国高等教育的发展历程清晰地显示，在我国市场经济发展比较困难的阶段，教育、物质技术和条件受限的情况下，要实现高等教育普及化面临很多困难，尤其是教育质量很难达到预期效果。2000 年以来，我国经济处于快速发展阶段，物质条件丰富的一部分人经济实力水平提高，思想开放程度提高，对教育和个人发展有了新的需求，尤其是对教育的需求更加迫切。然而，社会发展的不均衡和地域发展的经济限制，导致高校群体依然处于供不应求的情况，教学质量良莠不齐，教育作用不能充分发挥，教育反作用力不足以成为经济动力和社会核心力量，这更加剧了教育矛盾，阻碍了教育体系发展。

第二章
高等教育的不同主体建构

第一节　高等教育中教师能力与专业化

一、高等教育中教师能力分析

（一）教师的教学能力

教师的教学能力不仅表现在传授知识上，还表现在传道、授业、解惑上，应通过教学过程、激起学生求知的欲望，使之善于思考、勤于探索，使之感觉到时代脉搏和思想的跳动，达到思维的升华，使教学成为学生精神生活、精神文明的源泉，成为学生吸收知识、开发心智的广阔天地。这样的工作愈细致、愈有条理、愈有规律，就愈能使学生在心灵、思维的深处涌起更旺盛的求知欲望和更敏锐的思维品质，愈能使个性禀赋得到充分的发展，成为善于思考事物、善于思考真理和发现真理的人。

教师不但要完整地掌握教学大纲的精神实质，摸准培养目标和要求，而且要善于处理教材，妥善安排知识的纵横面，采用最优的教学方法，圆满地达成教学的目的。当然，当代教学工作能力还有关键的部分，就是要真正"把握"学生。每个学生都是独一无二的个体，如果教师对学生的情况不甚了解，是无法从事教学工作的，也就不涉及教学工作能力。只有了解、把握好学生的特性、心理和知识基础等，才有教学能力可言。因此，教师要善于系统地研究学生，要了解学生实际学习的情况，了解学生学习上的潜能，并善于体察每个学生情绪和心理上的变化。具有高超教学能力、有高度责任感的教师上课时能敏锐地察觉到学生的思想变化，完全融入学生的情感中。只有这样，教师的教学技巧和教学艺术才能达到日臻完善的地步。

教师的教学能力可分为以下几类。

1. 教师的教学设计能力

教师要做好教学工作，就必须对教学进行设计，所以教学设计能力是每名教师胜任这一职业的重要技能。对教学活动进行设计早已有之，只是设计的观点不同、方法各异而已。所谓教学设计，是指为了达到预期的教育目标，运用系统的观点和方法，遵循教学的基本规律，对教学活动进行系统规划的过程。这里的教学设计，即对某一单元或某一课时的教学设计（课堂教学设计）。

（1）教学目标设计。所谓教学目标，是指教学活动预期所要达到的最终结果。教学目标既是教学设计的开端，又对整个教学过程起着统领作用，教学目标设计的意义如下。

第一，有利于学生的学习。教学目标是学生进行学习活动的指南。对学生而言，学习活动的第一步就是明确目标，目标明确与否决定着学生的学习态度和学习效果。教学伊始，教师如果明确告诉学生，在完成某项课业内容以后，他们的能力和行为将会有怎样的变化，那么明确的目标将有助于指导学生的学习，使其把注意力集中在有助于达成目标的活动上。

第二，有利于促进教师与教师、教师与学生、教师与家长之间的交流。如果教师能够明确地把教学目标写出来，则不仅方便其授课，还方便学校有关领导及时了解该教师的教学计划。教学目标的设定还加强了教师与学生之间的沟通，学生能够很快地明白教师授课的目的，进而更有针对性地学习。另外，家长在了解了教师的教学目标后也能够配合教师完成教学计划，共同教育学生。

课堂教学不可能百分之百地按预定轨道行进，面对学生课堂上的"节外生枝"，教师应从容应对，迅速确立生成性教学目标，使教学效果最大化。教学目标的设计要明确具体，应重点说明学生行为或能力的变化，即教学目标应是可观察、可测量的。如果目标是含糊不清的，无法观察，无法测量，就无法在教学中具体操作。

（2）教学过程设计。教学过程的本质就是在教师引导下的认识过程和促进发展的过程。教学过程的基本矛盾是，在教学中所提出的认识任务和其他任务与学生现有知识水平和能力之间的矛盾。这种矛盾是教学过程中其他矛盾的基础。教师在教学时必须注意这种矛盾，也必须解决这种矛盾。这就要求教师提出的认识任务或其他任务符合学生的认知水平，能够满足学生发展的需要，学生在进行一定思考和探究之后能够完成这一任务。如果这种矛盾不能很好地得以解决，则会影响教学活动的顺利进行，甚至影响学生的发展。

学生是教学过程的认知主体。学生的认知是由不知到知、由知之较少到知之较多、由知之较浅到知之较深的过程，是从感知到理解，再从理解到运用的过程。同时，学生掌握知识的过程也不是简单的、直线前进的，而是复杂的、螺旋式上升的。虽然教学过程属于认识过程，但它有自己独特性。

第一，认识对象的间接性和系统性。在教学活动中，学生的认识对象是教材。教材是前人总结概括出来的教育心理学化后的系统性知识集合，属于间接知识。学生在校学习主要是通过间接知识去认识世界，但是学生在校学习并不意味着脱离实践，这需要教师为学生获得实践经验创造条件。

第二，认识的受动性和主动性。学生学习前人经验的过程是在教师的指导下实现的。学生在心理和生理上不够成熟，不能对知识进行有效分析并加以吸收，所以教师在教学活动中以主导者的身份出现，学生学习的过程具有受动性。但是，如果想完成教学任务，实现教学目标，则离不开学生的独立思考和主动学习。教师不能变指导为灌输，必须把自己的主导地位与学生的主体地位有机统一起来，才能很好地完成教学目标，实现学生的全面发展。

第三，认识的教育性。学生通过学习能改变自己对世界的认识，提高自己发现问题和解决问题的能力，提升自己的情感道德水平，所以学生学习具有一定的教育性。

（3）教学策略设计。教学目标设计明确了"教什么""学什么""教到什么程度""学到什么程度"，而解决"如何教""如何学"的问题，就涉及教学策略的设计。教学策略是教师为实现特定教学目标而采取的方式，它不仅包括教师为达到教学目标而采用的方法，还包括教师解决情境问题的行为、教师对班级的管理行为等。

第一，教学策略的特性。

一是教学策略的目的性。教学活动是围绕实现教学目标展开的，教学策略是为实现特定的教学目标而采取的有针对性的措施，因此具有一定目的性。

二是教学策略的灵活性。针对不同的教学目标应采取不同的教学策略，不存在对所有情况都适用的教学策略。随着教学内容、学生基础、教学条件等因素的变化，采取的教学策略也应随之变化。

三是教学策略的多样性。为了满足教学需要，教师应该设计多种多样的教学策略，以完成不同教学目标的教学。每名教师都应该结合所处环境和自己的特点，制定合适的教学策略。

四是教学策略的创造性。由于具体的教学情境复杂，计划实施过程中行动的变化和方法的灵活选择是必然的，因此教学策略具有直觉创造、灵活实施的特点。教学策略是教师智慧和教学艺术的充分体现。

第二，教学策略的设计原则。

一是以问题为中心。在教学中，教师不但要帮助学生带着问题走进教材，而且要引导学生提出问题走出教材。提出问题通常表现在质疑问题和发展问题两方面。质疑问题是就学习中的某一问题提出与众不同的想法，属于商榷型、完善型的学习活动；发展问题是依据自己对某一问题、现象或材料的观察、分析，从而提出有价值的、尚需进一步思考与研究的问题，属于创造型的学习活动。

二是关注学习方式设计。学习方式是学习者表现出来的学习策略和学习倾向的总和。要建立和形成能充分发挥学生主体性的多样化学习方式，促进学生在教师的指导下主动、个性化地学习。教师将随着学生学习方式的转变而改变自己的教学方式。转变学习方式就是要转变学生被动接受性学习的状况，使学生的主体性、能动性和独立性不断生成、发展；转变学习方式就是要转变学生的学习态度，变"要我学"为"我要学"，养成良好的学习习惯，培养学生对学习的责任和终身学习的能力；转变学习方式就是要改变学生的学习状态，由接受性学习转变为发现性学习，让学生参与学习过程，调动起学生学习的热情。因此，设计教学策略要关注学习方式。

三是从学生体验出发。课程不是文本课程，而是体验课程，从学生的体验出发是新课程教学的重要原则。任何知识经验的获得和应用都与一定的情境有密切关系。因此，要特别注意学校情境下的学习要达到的特定学习目标，重点研究学习活动中的情境化内容，其中心问题就是以学习者为中心，创设情境，让学生置身其中，最终掌握知识。

此外，教师教学策略的设计还需要有学生的参与。学生参与教学是全面性主动参与，参与教学的全过程，这离不开教师的引导。教学是师生交往互动的过程，实现途径是对话。教师要想有效运用这一策略，首要的是更新观念，也就是要深刻认识教学过程是师生交往互动的过程，是师生共同探求新知、教学相长的过程，是师生追寻生命共同成长的过程，是师生体验课程、对课程进行创生和开发的过程。

2. 教师的教学导入能力

导入新课是课堂教学的起始环节，有经验的教师都非常重视这一重要环节。富有启发性的导入，可以为下一阶段的教学创造条件，还可使教学达到事半功倍的效果。因此，设计好一节课的导入，是教师应熟练运用的基本技能之一。导入能力是教师在新的教学内容或活动开始时，运用建立教学情境的方式，引起学生注意，激发学生兴趣，明确学习目标，形成学习动机和建立知识间联系的一种教学行为。同时，导入也为教与学提供了思维的阶梯。在导入过程中，教师应有意识地插入后续学习涉及的已有知识，以降低学生学习的难度，既使思维梯度降低，也使思维得以步步深入，使教与学的双边活动得以顺利开展。

（1）教学导入类型。

第一，强调知识之间内在联系为主的导入。以强调知识之间内在联系为主的导入方法，主要有直接导入法、审题导入法、衔接导入法等。

直接导入法。直接导入法是直接阐明学习目的和要求、各部分教学内容及教学程序的导入方法。这种导入方法要求教师语言精练，条理性强，富有启发性和感染力。这是各科教学中最常见、最简单的导入方法。

审题导入法。只要理解了标题的含义，就能通晓全篇的意义。因此，从理解标题入手进行导入，更能使学生明确学习目标，抓住教材的重点和实质，这样的导入可以开门见山地抓住教学的重点，促使学生思维迅速定向。教师可以从审题入手，引导学生围绕课题的一系列问题思考。这样的导入直截了当，清晰简明，可以让学生很快进入对教学中心问题的探求。审题导入法与直接导入法相比，更突出中心或主题。运用审题导入法的关键在于，教师应围绕课题精心设计一系列问题，通过设问、反问、讨论等方式，鼓励学生积极思考，从而起到让新知识在已有知识上生成的作用。

衔接导入法。衔接导入法是根据知识之间的逻辑联系，找准新旧知识间的联结点，利用旧知识的回顾和引申来导入新知识，从而使新旧知识前后呼应。

以上导入方法的共同特点是新旧知识之间或前后知识、课题之间的联系紧密，逻辑性强。教师应根据学科性质和学生特点灵活采用不同的方式，如衔接导入法与类比导入法在理科性科目教学中运用得更为广泛，审题导入法则在文科性科目教学中屡见不鲜。

第二，生动直观、联系实际为主的导入。以生动直观、联系实际为主的导入方法，有实验导入法、直观导入法、故事导入法等。

实验导入法是以教师进行实验演示或学生实验的活动方式将学生引入学习情境的导入方法。

直观导入法是教师以引导学生观察实物、模型、图表、电影、电视、幻灯片等活动方式，设置问题情境的导入方法。

故事导入法是以生活中所熟悉的事例或报刊上的有关新闻，以及历史上或社会中的故事设置问题情境，通常在学生缺乏有关事实的情况下采用的导入方法。教师所讲的故事应该与教学内容紧密相连，或作为教学内容的有机组成部分，而且要注意选用科学性、艺术性、趣味性和思想性强的故事。

第三，以设疑问激发学生好奇心为主的导入。以设疑问激发学生好奇心为主的导入方法，主要包括悬念导入法和问题导入法。两种方法都有助于引发学生的兴趣，但在具体实施上有所不同。悬念导入法是通过设置一个有趣的悬念或情境，激发学生的好奇心和求知欲。教师在引入新的知识时，设计一个情节或问题，可以使学生感到疑惑或迫切想要知道答案。这种方法的关键在于情节的设计要富有吸引力和感情色彩，使学生产生强烈的探索欲望。问题导入法是通过提出一个具有挑战性的问题，引发学生的思考和探讨。教师可以根据课程内容设计一些开放性的问题，让学生在课堂开始时就参与到问题的思考和讨论中。问题应当具有一定的难度，但又不能超出学生的认知水平，应当能引起学生的兴趣和思考。

（2）教学导入要求。

教师不论采用怎样的导入方式，都应该注意遵循一些共同的基本要求，这些要求集中体现在以下五方面：

第一，有针对性的导入。导入是为课堂教学的展开服务的。教师在设计导入过程中，要始终遵循一个原则，即紧紧围绕教学内容展开，并要采用简洁、具体的导入方法，以简单明了的语言来阐述教学内容和教学目标，让学生能够自然地过渡到新知识学习情境中，激发学生学习新知识的欲望和积极性。教师在设计导入上，既要从教学内容的整体出发，为教学目标服务；也要从学生的认知特点出发，为学生学习服务。

第二，有启发性的导入。导入的一个重要目标就是能够对学生的原有认知结构起到较好的激活作用，并激发学生对新知识的认知兴趣，这样才能促进学生知识迁移的进行。为了更好地启发学生，教师需要采用更浅显易懂的事例进行启发，并采用丰富多彩的语言激发学生对问题的认知和感受，让学生更积极地参与到学习中，对教学内容有更深入的认识。

第三，有趣味性的导入。教师要精心设计导入的形式和方法，做到引人入胜，用鲜活、直观、具体的方式进行教材内容的呈现和展示，使得学生面对的教材内容更加鲜活、具有生命力。如此，有利于调动学生的学习兴趣和积极性，让学生全身心地投入学习。充满乐趣的导入课不但能最大限度地激发学生的学习兴趣和积极性，而且有利于引导学生接受新教材，防止其产生厌倦心理。

第四，有艺术性的导入。教师要想在新课伊始就拨动学生的心弦，更需要有艺术性地进行教学导入。教师要对语言艺术的科学性、思想性、准确性和可接受性进行全面的考虑，防止刻意追求生动而忽略了语言的实际作用。因此，教师在导入设计时要根据具体的导入方法进行语言艺术的选择。

教师若是采用情境创设式的导入，则应该适用具有感染力的语言。教师在表达时要注意用词合理，思路清晰，有理有据，更需要生动、有感染力，这样才能充分发挥语言艺术的魅力，更好地引起学生的共鸣，激发其积极进取的心态。

教师若是采用直观演示和动手操作的导入方法，则要注意语言的启发性和通俗性。不管是阐述实物演示还是讲解实物操作等，都需要更加清晰简洁地对教材内容进行阐述，如此才能激发学生的思维能力，提高其学习积极性和热情，并促使其积极进行新知识的探索和追求。

教师若是采用联系旧知识和审题方式的导入，则需要采用准确、清晰的语言进行表达。尤其是在一些较难知识点和较容易混淆的概念的讲解时，需要把握语言的准确性，如此才能引导学生举一反三，从而更加准确地掌握教学内容，使课堂教学效果不断提升。

教师若是采用悬念的方式的导入，则需要教师选择有启发性的语言进行教学。这有利于调动学生的思维，激发学生的求知欲。

总体而言，任何一种导入方法都需要采用准确、精练的语言，通过通俗易懂的语言让学生更好地掌握新知识。

第五，有效益性的导入。导入新课的效益性，一方面导入应简练、省时，能在较短的时间内起到导入新课的作用，而不是冗长繁复，淡化了重难点内容；另一方面这种导入应朴实、有效，能真正起到联结知识的作用，而不应追求形式，为导入而导入。

3. 教师的教学讲授能力

教学讲授能力指在课堂教学中，教师通过口头语言向学生系统连贯地传授科学文化知识的行为方式。教学讲授能力既是教学活动中涉及的基本技能之一，也是最重要的技能之一。即使在教育和教学手段高度现代化的国家，教学讲授能力仍是课堂教学活动中应用最频繁、最普遍的教学技能。因此，教师拥有良好的讲授能力对于成功教学意义重大。

（1）教学讲授能力的类型。

第一，教学讲述能力。教学讲述能力在各科教学中均可应用，又可分为叙述式讲述能力和描绘式讲述能力。

叙述式讲述能力。叙述式讲述能力是指教师用不加任何感情色彩的语言客观地把事物在时间上的发展变化、空间上的位置延伸，以及它们之间的联系，简洁明了地讲述出来的课堂教学技能。叙述式讲述能力的运用要求教师语言条理清楚，注意突出重点和关键部分，对于事物、现象发生的顺序与结构必须有明确具体的交代。

描绘式讲述能力。描绘式讲述能力是对某一历史事件和历史人物的本质特征、情景场合、地理环境、外貌形象或行为事迹进行绘声绘色、生动细致讲述的课堂教学技能。运用描绘式讲述能力进行教学，除了要求条理清楚、用词准确，语言还要细腻形象、生动有趣。

第二，教学讲解能力。课堂教学讲解能力是指教师通过说明、解释、论证来分析教学内容，帮助学生理解知识的一种课堂教学讲授能力。在实际教学中，课堂教学讲述能力和课堂教学讲解能力经常综合利用。课堂教学讲解能力通常又可分为课堂教学解说技能、课堂教学解析技能和课堂教学解答技能。

课堂教学解说技能。这是由教师为各种具体事例的讲解营造一个情景，让学生在情境中对概念有所认知，可以更好地让学生从已知的概念推导未知的知识，并对事物的本质和特征有所掌握，这一方法对于学生翻译古文、外语以及专业术语或者解释疑难词语的学习都是非常有利的。

课堂教学解析技能。对教学内容的规律、原理和法则进行分析和讲解需要通过课堂教学解析技能进行，同时常伴随严密的逻辑推导的课堂教学讲解能力，是基础知识和基本技能学习中的重要教学技能。应用该技能有两种途径：归纳，即通过对事实、实验以及经验等进行归纳获得共同因素，同时对本质属性进行概括，以简练明了的语言来总结结论并运用于具体实践的一种方法，它可以对比较容易混淆、较为相似的概念，以及事物的分界点和联系点予以明确；演绎，即通过对规律、法则以及原理进行讲解，然后再通过实例验证的一种方法。

课堂教学解答技能。这一方法的运用主要是集中于对课堂教学中的问题予以解答。它通常是以真实材料为例引出问题，或者是直接提出问题，接着采用一定的标准和方法进行问题的解答，同时对各种解答方法进行比较和选择，之后再进行论据的提出和验证，通过逻辑推理的方式得出结论。

第三，教学讲读能力。运用讲读的语言技能，一方面，教师要注意进行精讲，讲重点、讲难点、讲思路、讲方法，帮助学生深刻理解；另一方面，运用讲读能力的重点在读。

教师要进行泛读。教师的泛读除了要具备发音准确、句读分明、速度适宜、节奏鲜明、语调恰当等基本条件，还必须饱含深情，能真正做到以情感人、以情动人。而且要掌握好分寸感，做到适度、得体，切忌过分夸张、装腔作势。

同时，教师要指导学生进行多种形式的阅读。从要求上看，可以将精读与泛读结合起来。一般性内容可以泛读，意在扩大视野，增加储备；重点内容则应精读，甚至能熟练地背诵，意在加深理解，深化认识，真正内化为学生自己的知识结构。从方式上看，应该将朗读与默读结合起来。对于叙述性或说明性材料，以默读为主；对于情节性或富有鼓动性的材料，以朗读为主，甚至将朗读与角色扮演结合起来，让学生如身临其境，产生强烈而深刻的内心体验。

此外，在阅读过程中教师还应适时向学生提出问题，使其带着问题阅读，以帮助理解。

第四，教学讲演能力。讲演是教师通过深入分析教材，揭示内在联系，论证事实，得出科学结论，在向学生传授系统知识的同时，培养其正确的立场、观点、方法的讲授方式。它与讲述、讲解、讲读的不同之处在于，其涉及的内容范围更深、更广、更具前沿性。

由于讲演所需时间较长且集中，加之讲演形式单一，中间很少插入其他活动，因此在运用课堂讲演能力时，要求教师的语言除了具有逻辑性、科学性，还应具有启发性，能有效调动学生学习的积极性、主动性，启发学生的积极思维，引导其独立思考，避免"满堂灌"，造成学生消极被动地接受知识而被抑制创造性，阻碍学生思维的发展。在运用讲演能力时，教师的语言还要有趣味性。教师幽默风趣地讲授，能使学生兴趣盎然地汲取知识，而不会因为时间过长而降低学习兴趣。讲演时，教师还应结合运用口头语言与其他语言形式，如运用板书对口头讲授进行补充说明，使学生加深对学习内容的印象，从而提高讲演效果。如教师能合理运用现代声光电教学手段进行演示，讲演的教学效果会更加明显。

（2）教学讲授能力的要求。

有效地运用讲授能力来组织教学，有以下几点要求：

第一，科学性讲授。

一是讲授内容的科学性。教师应在教材内容的基础上进行实质的知识研究和领会，从而准确地对概念进行讲解、对论点进行验证等，不但要让学生准确地掌握知识，而且要提升学生的学习思维能力。注意避免为了追求生动的语言而忽视了教学的实质。

二是要有科学的态度。教师要基于科学的认识论和方法论，要以事实和客观存在为基础进行概念和原理的讲解，防止片面地看待事物，也不能弄虚作假，而应该以科学、认真的态度来对待教学工作，端正自己的教风。

三是要采用科学的语言。科学的语言是指教师在课堂教学时要采取严谨、科学的态度和语言，在阐释概念和公式时要注意语言的准确性和周密性。

第二，生动形象性讲授。教师只有具备感性的认识，才能进行生动形象的讲解。而语言的生动形象性能够直接调动学生的学习兴趣和热情，促进其思维的培养，这也是提升学生学习兴趣的重要方法之一。为此，教师在进行课堂教学时要通过生动的语言来调动学生对新知识的学习欲望，同时应该借助表情、动作、绘画与音响等方式，对各种现象进行描绘；通过比喻、表演等方式促进学生对抽象概念、规律的认知和探索，将枯燥的知识进行趣味化和生动化处理，让学生对概念有更加具体的认识。

第三，启发性讲授。启发性讲授作为选择和运用教学策略的指导思想，它必须能够渗透到讲授教学的每个环节、步骤中。所谓启发性讲授，就是以教学要求为基础，基于学生的思想水平、接受能力以及知识基础等前提，利用不同的教学方式调动学生的学习积极性和主动性，并促进学生进行创造性的思考和知识获取，从而不断提升学生的智力水平。从这种意义而言，讲授教学一刻也离不开启发性讲授。具有启发性的讲授需要注意以下方面。

一是强化动机。动机即心理需求。要发挥学生学习的主动性，必须在讲授中渗透思想教育，特别是学习目的性教育。当然，这种教育不是空洞说教，而是要善于运用现实生活中的生动材料进行启发诱导。

二是善于设疑。要使讲授富有启发性，主要方法是教师要善于用疑问来引导学生思考。学起于思，思起于疑，疑是学习知识的起因，思是学习深入的源头，是沟通智慧的桥梁。因此，讲授就要求教师在教学中有目的地设置问题，"制造"矛盾，引导学生进行认识上的论证。

三是编排序列。为了启发思维，教师按一定线索把讲授内容编排成有意义、有规律的系统，容易使学生形成整体知觉。从生理机能上讲，这属于关系反射。例如，历史课可把不同时代的历史事件按性质分类，或以时间为线索编排序列；语文课可按结构线索、情节线索、文体线索等进行设计。

四是借助声像。借助声像主要指在教学中充分运用现代化的教学设备，如投影、录音、录像等视听工具，达到化抽象为具体、化静为动、化远为近的目的。通过多种形式，使学生的感觉、知觉协同活动，提高学生的感知效率。同时，学生在欢快轻松的环境中学习比在苦闷紧张的环境中的学习效果更好。

第四，简洁性讲授。教师不仅要对教材的书面语言进行加工、提炼、斟酌，尽量不讲修饰语和形容词过长、过多的话，还要保证讲授语言简洁明快、干净利落，既准确又精炼，具有内在逻辑性和高度的概括水平。

第五，和谐性讲授。在讲课过程中，教师应科学运用讲话速度、发音、音量、音高等，要善于用语调包括音量高低、强弱、快慢和停顿来吸引学生。恰当的语调是保证教学语言和谐的一个重要因素。

对于一些课堂教学语调的运用不当，教师应予以重视：一是声音过于高昂，嗓门很大，形成持久的"高八度"，容易使学生心烦意乱；二是声音过度低沉，后排的学生侧耳倾听也很费力；三是讲话速度过快，学生无法跟上思路等。

第六，板书配合。板书的基本内容包括图像、文字和数式，是教学的辅助手段。按讲课大纲设计板书能帮助学生保持注意力，从而有助于其消化教学内容，掌握重点和关键问题。

（3）教学讲授能力训练与应用。

第一，教学讲授能力训练的目标。讲授能力训练的目标包括：一是掌握各种课堂教学讲授能力类型并能熟练运用；二是能辨析他人讲授能力的类型并评出优劣；三是能选择并设计出适合教材内容、教学对象的最佳讲授类型，并能说清楚选择和设计的理由；四是能做到发音正确，吐字清晰，用词准确，语言流畅。

第二，教学讲授能力的应用要求。学习与研究课堂教学讲授能力的理论知识，并能自如运用于课堂教学。学习的内容包括：课堂教学讲授能力的概念、优缺点、适用范围；各种课堂教学讲授能力类型的名称、概念、相互间的区别和联系、各自的应用要求等。

一是力争博览群书。教师要具有扎实的技能，必须以广博的学科知识为基础。随着传播科学文化知识渠道的增多，学生不仅在知识的广度上还在深度上都明显比过去有所提升，这对教师提出了更高的要求。

教师要想设计出令学生满意的讲授，无论从事哪一学科的教学，都必须掌握和本学科相关的文化基础知识。同时，要把文史地、数理化、音体美等学科知识作为知识结构的整体来认识，并对哲学、社会学、伦理学、美学等有广泛涉猎。除此之外，还要及时了解与教学内容相关的新兴学科、边缘学科的基本内容。

二是深入钻研教材。设计讲授是为了达成教学目标，促进学生的发展，至于发展应达到何种程度，则要根据学生的实际情况而定。因此，讲授准备过程的重要环节是深入钻研教材。钻研教材要以课程标准为指导，根据教学目标和教学原则具体研究教材，并把教学内容和一定的讲授形式结合起来。钻研教材要有一个整体观念和发展观念。整体观念，就是要从教材的整体和学生心理发展的整体研究，把每个章节的教学内容和整个教学目标联系起来；发展观念，就是要把每节课、每个章节的教学目标，同每学期、每学年以及全学科的教学目标联系起来，使每节课、每个章节的教学成为促进学生长期发展的有机组成部分。立足于上述整体与发展的宏观意识，教师便可从微观入手抓住教材中知识结构的重点来设计讲授了。

第三，了解学生实际。教学包括教师的教和学生的学，是由教师的控制系统和学生的控制系统结合而成的。从教师方面而言，深入钻研教材仅是其讲授前准备工作的一个环节，为保证讲授的顺畅，教师还必须了解、研究学生的情况，通过观察、教学检查等方法，了解学生的整体基础知识、智力水平，以及对已讲授信息的接受程度。

第四，判断知识的性质，选取合适的类型，写出教案。根据教材内容、学生特点及其他诸方面因素，选取合适的课堂教学讲授类型，根据该类型的相关要求，写出教案。之后，按照"熟悉教案—实习（录像）—评价（放录像、自评、他评）—再实习（录像）—再评价（放录像、自评、他评）"的流程进行，以保障教学行之有效。

4. 教师的教学提问能力

提问，就是教师在课堂上为了鼓励学生积极思考，依据教学内容将自己设计的问题向学生提出来，是引导和促进学生自觉学习的一种教学手段，是引导学生学习新知识、巩固旧知识的一种教学方法。教师准确地理解提问的概念，对掌握提问能力是非常必要的。这种教师提问、学生回答的方式，构成了教与学的信息交流反馈过程。因此，提问对教与学都起着积极的促进作用。

（1）教学提问的作用。

第一，教学提问对教师的作用。

一是传递信息。每节课都有教学的重点、难点，教师提出的问题往往都集中在这些知识点上。通过提问，教师将这些知识传递给学生，并实现突破和难点的强调。

二是获得反馈信息。教师通过提出问题，寻找不同层次的学生回答，不仅能够从学生的表情和态度上观察他们对知识的掌握情况，而且能够从学生回答问题的方式、内容上了解他们的思维水平、语言表达能力等。

三是管理课堂。教师通过课堂提问，可以集中学生的注意力。

第二，教学提问对学习的作用。

一是激发求知欲，增强学习动力。提问可以把学生带入问题情境，从而激发学生求知欲。求知欲强烈的学生往往能积极主动地探索知识。

二是促进学生积极思考，引导学生学习。提问能引发学生思考，具有培养学生思维能力和习惯的作用；提问能促使学生定向思考；提问能引导学生发现问题、分析问题，具有完善学生智力结构的作用；提问能在一定程度上增强学生的记忆力，能诊断学生学习的特殊困难，具有强化知识结构的作用。

三是培养学生的表达能力。学生需要组织语言来回答教师提出的问题，因此，学生的表达能力能得到充分的训练。另外，提问可以使学生表达观点、流露情绪、提出疑问、锻炼胆量，可以促进其人际活动，加强交流与合作。

　　四是培养学生的探究能力和创新能力。让学生提出问题是现代探究性学习的一种基本方法。经常在课堂上引导学生质疑问难，让学生从已知推及未知，对培养学生的创新意识和创新能力有积极意义。

　　（2）教学提问的运用要点。提问要有科学的策略性，不是满篇问，而是对学生不易领会的地方发问。要达到这一目标，需要经过一定的训练和反复实践。

　　第一，注意设置问题情境。在设置问题情境时，要遵循以下原则：一是目的性原则，提问的目的是引出新课，突出重难点，引起学生兴趣，引起学生争论，促进学生思维发展，总结归纳等。二是启发性原则，能引领学生经历、经验，产生趣味性；能触动学生思维的神经；能让学生产生想象、联想，引发学生思考等。

　　第二，注意问题要具有适当的难度。提问要从学生的实际认知水平出发，要做到难易适度，尽量接近学生的"最近发展区"①。

　　第三，注意改变提问角度，形式要新颖灵活。教师应该引导学生从不同角度来提出问题，这不仅能使学生明白同一问题可以采用不同的方式发问，而且能使问题变得更新颖、更发人深思。改变提问角度要注意：一是应紧紧围绕"主问题"，切忌天马行空；二是应多曲问少直问，应多套问少单问，应多逆问少顺问，应多对问少独问，应多反问少正问等。

5. 教师的教学语言能力

　　教学语言是教学信息的载体，是教师完成教学任务的主要工具。教师的语言修养在很大程度上决定着学生在课堂上的学习效率。由此可见，教师的教学语言技能是提高课堂教学效率的重要基础。教师的课堂教学语言主要有口头语言、形体语言（如手势、表情、动作）等。其中，口头语言是教师课堂教学语言表达的主要形式。形体语言又称体态语言，即能在一定程度上表达思想感情的表情、动作、姿势，是相对于口头语言的一种无声语言。教师形体语言技能则是指教师如何恰如其分地把每一个动作、姿势、表情等巧妙

---

　　① 心理学名词，由著名心理学家维果斯基提出，认为学生的发展有两种水平：一种是学生的现有水平，指独立活动时所能达到的解决问题的水平；另一种是学生可能的发展水平，也就是通过教学所获得的潜力。两者之间的差异就是最近发展区。

地体现在教学活动中，用以改善教学效果的一种技巧和能力。

（1）教学口头语言的作用与类型。教师教学语言的作用主要在于激发学生学习兴趣，组织、引导学生学习，解答学生在学习中产生的疑问，对学生在学习中所做的努力及进步给予肯定等，从而使学生积极、主动、有效地学习。教学语言技能较高的教师不仅能通过教学语言有效地组织指导学生进行自主、合作、探究性学习，还可以使教学过程具有较高的艺术性，从而产生积极的教学效果。总而言之，不同的教学语言会起到不同的作用。例如，教师在教学中用启发性教学语言能够帮助学生进行自学，发展学生的思维能力；用适当的反思性语言可以有效地引导学生反思。在课堂教学中，教师应针对不同的问题、不同的情况、不同的学生，把握最佳教学时机去启发、去赏识、去激励学生，才能充分发挥教学语言的作用。教学口头语言技能类型主要包括叙述性语言、描述性语言、论证性语言、说明性语言、抒情性语言、评价性语言等，下面主要阐述叙述性语言。

叙述性语言是指教师在课堂教学中，将教学内容向学生做较为客观的陈述介绍的语言。叙述性语言一般可分为纵向叙述、横向叙述、交叉叙述。纵向叙述指教师在课堂教学中根据事件在时间上的延续性进行的叙述方式。有顺叙、倒叙、插叙等不同的叙述方式。顺叙是按人物的经历或事件发生、发展的先后顺序进行的叙述。倒叙是把事件的结局或事件中最突出的片段放在前面叙述，然后再按时间顺序叙述事件的其他过程，这种叙述方式的特点是能制造悬念，激发兴趣，取得吸引学生注意力的效果。插叙是暂时中断所叙述的事件，插入与之相关的另一事件的介绍，然后再接着叙述原事件。这种叙述方式的特点是加大了叙述的容量，使叙述富有乐趣和变化，有时能起到活跃课堂气氛的作用。横向叙述适用于介绍具有空间关系、逻辑关系（如主次关系、因果关系等）的事理知识，如在进行"北欧各国"中丹麦、挪威、芬兰、冰岛具有空间关系的教学时，教师常用的就是横向叙述的语言方式。交叉叙述就是把纵向叙述和横向叙述结合起来进行的叙述方式。

（2）教学口头语言的使用要求。

第一，从教学语言构成要素看使用要求。教学语言是传递教学信息的基本方式，是由语音、语调、语速、语言节奏、音量、词汇、语法相互联系、相互制约的语言要素构成的。要把教学信息生动、准确地传递出去，便于学生接受和理解，必须理解教学语言的基本构成要素及其意义。

语音指人类发音器官发出的具有区别意义功能的声音，是语言的基本构成单位。

语调指讲话时声音的高低。

语速指讲话的快慢，语速是否科学合理对教学效果有直接影响。一般情况下，教学语速以每分钟 200～250 字为宜。教师的语速要有快有慢，要学会变换语速。在教学中，变化语速主要是为了引起学生的注意，促使其将精力集中到听课上来。在学生紧张疲惫、跟不上教学进度时，教师要放慢语速；在学生因已经学会正在进行的教学内容而表现出漫不经心的样子时，则教师宜加快语速，迅速进入下一个环节的教学。语言节奏指语调高低、快慢的变化。

音量指声音的高低，是强度、长度、高度的总和。一般情况下，一节课中教师不能自始至终使用一种音量，要学会变换音量。音量变换的方法主要有以下方面：

一是多种音量法。教师可运用多种音量交叉使用的技巧，以引起、保持学生的注意。如一位教师在讲了一则有趣的故事后，引来了学生的一片笑声和议论声。当他开始把声音变弱，形成安静低沉的声调时，学生便会更加专心地听讲。在某些情况下，低声细语能使语言更传神，当然，这时教师不仅要讲得慢，而且要讲清楚，让每位学生都能听到。

二是高音量法。在学生注意力不太集中时，运用高音量法能避免注意力进一步分散。如果学生只是窃窃私语，用高音量法较好；若课堂上出现乱哄哄的场面，教师声音再大也不足以引起全体学生的注意时，那就要采用其他办法了。

三是短暂停顿法。短暂停顿是一种有效的音量变换方式，具有较高的警戒作用。应注意的是停顿时间应控制在 3 秒左右，这足以引起学生的注意。过长的停顿既浪费教学时间，又会使学生难以忍受。

变换音量最重要的是使声音具有起伏变化，使声音的强度不维持在一个水平上。对大多数教师而言，不要总是用过高的音量不停地讲。有心理学研究表明，声音的强度与人们的情绪有直接关系。人们日常对话的声音强度在

60 分贝左右。教师若用过高的声音教学，达到 80 分贝以上，就会成为噪声，使学生容易产生疲劳感，神经系统进入保护性的抑制状态，随之就会产生消极情绪。同样，教师若总用过低的声音讲课，学生则会因辨别不出语音而影响听课效果。因此，教师在教学时要避免自己的声音过高或过低。

课堂教学语言的用词要求是规范、准确、生动。用词规范，表述准确，不仅能正确地传达教学信息，而且能使学生迅速把握语义，掌握知识。同时，要注意选用富有形象性、感染力的词，使教学语言更形象生动，增强感染力。

语法是遣词造句的规则，按照这一规则使用的教学语言容易被学生理解，反之则会带来学生理解上的困难。符合语法规范的教学语言，就是教学中教师"知而能言，言而能顺"，句子通顺连贯，语段合乎逻辑，语言得体。

第二，从教学活动角度看使用要求。课堂教学包括导入新课、讲授、板书、实验、练习等一系列教学活动。在这些活动中，教师的语言技能水平直接影响学生的学习质量。教师在导入新课时，要想使课堂学习吸引住学生，就需要教师精心设计导入语言。

一是课堂讲解的语言。对课堂讲授阶段使用的教学语言的要求主要体现在三个方面。首先是逻辑性。教师必须考虑使用怎样的语言在适合学生思维水平的前提下进行正确引导。其次是透辟性。教学语言的透辟性主要指阐发得透彻，引导得"清澈见底"。要达到这一要求，教师必须吃透教材，对内容了然于胸，这样，教学中才能做到前后贯通、左右逢源，才能根据学情选择恰当的方式、得当的语言加以引导、讲解。最后是启发性。教学语言的启发性主要能充分激发学生学习的内部动机，有利于培养学生的认知兴趣和思维能力，以增强语言的感染力，促使学生思考，积极寻求问题的解答方法。

二是归纳、总结的语言要求。教师的语言应力求体现凝练性、平实性和延伸性。教学语言的凝练性主要指语言简练。教学语言的平实性主要指语言质朴、严谨、实在。教学语言的延伸性主要指语言有顺延、伸展的作用，促使学生从自己已掌握的知识中寻找与目前所学内容有联系的知识点，或积极探求与所学内容联系密切的新知识，以达到融会贯通、拓展延伸的目的。

第三，从课程改革角度看使用要求。基础教育课程改革要求教师及其行为必须发生重大转变，即要求教师成为学生学习活动的组织者和引导者。教师角色的转变赋予了教师教学语言的全新内涵。课堂教学语言必须做出以下转变：

一是讲解性语言应大量减少。教师角色的变化——由知识传授者转变为学生学习的引导者，使教师的责任转变为为学生创造各种有利条件，促使学生通过自主、合作、探究性学习，顺利完成学习任务。这就意味着教师的讲解性语言必须大量减少。不低估学生的学习能力，不高估自己讲解的价值，讲解性的教学语言在课堂中就会慢慢减少。

二是引导性语言应大量增加。要让学生采用自主、合作、探究性的学习方式进行学习，必定以原有的知识为基础，因此，引导学生把已知和未知联系起来，便成为教师教学语言应达成的主要任务之一。

三是组织指挥性语言应大量增加。要让学生采用自主、合作、探究性的学习方式进行学习，必须将学生有效地组织起来，且要在学生学习的过程中进行有效的指挥调控，这就要求教师大量运用组织指挥性语言。

四是鼓动激励的语言应大量增加。要让学生采用自主、合作、探究性的学习方式进行学习，学生的情绪、意志等起着重要作用，而教师鼓动、激励的话语是学生情绪、意志的催生剂。由此可见，教师鼓动激励的语言应大量增加。

总而言之，面对课程改革的要求，教师必须不断调整自己的教学语言技能，以适应学生学习方式的转变，凸显学生的学习主体地位，最终实现教师角色的真正转变。

（3）教学形体语言功能与类型。

第一，教学形体语言功能。

一是辅助功能。教师的基本职能是传授知识，在传授知识的过程中，语言是最主要的载体和工具，但要使语言发挥最大功能，必须辅助以形体语言手段，教师的形体语言行为一般情况下是与语言行为同时产生的，这样就凸显了形体语言行为在传授知识过程中对语言行为的支持辅助功能，教师体态语言能补充、强化口语信息，扩大教师所传递的信息量，增强学生对有用信息的接受量。与口头语言在传递信息方面相互补充，相得益彰。

二是沟通功能。教学过程是师生间一种贯穿始终的交流，这种交流不仅是知识和信息的传递，还是师生间情感的交流过程。教师的形体语言行为有辅助语言行为的作用，在传递过程中，同时起到传递师生间情感信息、促进师生相互了解的作用。一般而言，学校中教师的形体语言行为的沟通功能主要用于知识传播服务，但师生关系又是一种特殊的人际关系，所以教师的形体语言行为还可能影响到师生关系。

在特定教学环境中，教师的一言一行、举手投足都会起到传递特定信息，改善或改变师生关系的作用。正处于成长成熟阶段的学生，对教师的形体语言行为会特别关注，学生能从对教师的形体语言行为分析感受出一个教师的外在形象美，由此折射出其内在的智慧美，只要是积极的、有效的、有意义的形体语言行为都会成为改善师生关系，提升学生对教师信任度的强化剂。

三是调节功能。形体语言行为的调节功能表现在教师通过训练总结一些形体语言技能来调节和控制学生的行为。如果把学校看作一个独立完整的管理机构，那么学校里的每个教师都是这个机构的管理者之一。教师的管理行为不仅表现在对学校规章制度的判定和执行上，还表现在通过恰当的、有意义的形体语言行为实施动态管理上。优秀的教师能成功地运用眼神、表情、手势等形体语言技能来对学生进行有效管理。这种管理方式更加彰显出一个成功的教师的出色之处。善意的、合适的形体语言行为更容易被学生接受，相应地，也能取得良好的效果。

四是激发功能。教师对本学科的热爱，以及所表达出来的富有感染力的激情，在很大程度上要通过体态语言表现出来。教育是一个细致入微、影响深远的工作，作为对学生的成长和未来具有巨大影响力的教师，应积极引导学生，合理采取激励手段，使学生健康、快乐地成长。

第二，教学形体语言类型。

一是目光语。目光语是运用眼睛的动作和眼神来传递信息和感情的一种体态语言。一个人眼睛瞳孔的大小、亮度的明暗、仰视的角度、注视时间的长短等，都透露着丰富的信息。因此，教师在课堂上艺术地用好目光语，对于辅助教学、提升教学效果至关重要。

二是手势语。手和臂是人体敏锐的表意传情器官之一。手势语是指用手指、手掌和手臂的动作和造型来表情达意的一种教学行为。教学过程中教师使用的手势，与日常生活里的手势不完全相同，它是一种与讲授内容相一致、与有声表达及其他辅助教学手段相协调的艺术化的手势，应当体现出对学生人格的尊重和与学生情感上的融合。

三是身势语。人的姿态除了通过局部动作显现，更主要是由头姿、坐姿、站位和走势展现出来。对于教师而言，姿态既是教师形象的重要组成部分，也是教态修养的一个重要方面。因为教师总要在学生面前、在课堂上亮相，学生透过这个"相"去认识老师、理解老师，并从中得到潜移默化的熏陶；教师则通过教学体态表达，通过这个"相"来展示自己的素质修养和精神风貌。

四是服饰语。教师的着装必须有与其职业相称的特殊要求，着装要搭配得当（上下一致、长短合适、色调协调，衣、裤、包、带、鞋之间的搭配合理），大方得体，对应身份、场合。

（4）教学形体语言技能操作及应用。

第一，教学形体语言技能操作表现。就课堂亲切程度而言，教师的形体语言技能主要表现在面部动作、手势、身体姿势以及空间沟通和仪容仪表等方面。

一是面部动作。

首先，面部表情。面部表情是心灵呈现的最佳舞台，是最能集中体现教师情感的形体语，它主要通过眼、眉、唇等器官和面部肌肉的活动来传递信息。一般而言，凡是有经验的教师，都善于运用面部表情的变化来充分表达自己的情感。教师面部表情可分为两种：一种是常态表情，表现为和蔼可亲、热情开朗、常常微笑，这种表情可给学生创造一个轻松愉快的情感环境；另一种是随机而变的表情，表现为与学习内容同步，随内容的变化发生喜怒哀乐的变化，随教学流程的发展而发展。这种表情的变化使教学动态活泼，使知识变得浅显而有趣。这样学生可以通过表情感受到教师的真诚、爱护、信任、鼓励，使师生关系和谐。

其次，眼睛动作。眼睛动作是形体语当中最为重要的沟通方式。合理运用眼神会对教学起到事半功倍的效果。一般而言，与学生交谈期间眼睛动作有两种作用：一是搜索信息；二是发送信息，即强调谈话内容，提醒其注意听取对话。教学中运用眼睛动作来组织教学，进行师生交流，可以再现教学内容，创造特定情境，引导学生进入教学意境。通过眼神暗示、引导，能够达到启迪学生心智的目的。教师常用的眼睛动作主要有注视、环视。教师注视包括授课注视、亲密注视和严肃注视。授课注视可激发学生进行思考，集中学生注意力，认真听讲；亲密注视表达一种亲近情感，可改善师生关系；严肃注视一般多用于组织教学，进行管理和制止不良行为。教师环视指视线在较大范围内有意识地做环状扫描式搜索。一般教师多在讲授前、讲授完部分或整体内容后或是在提问之后使用，环视可起到加强管理、调节气氛的作用。

最后，微笑。面部动作的重要性常常与微笑相关联。教师在与学生交往的过程中，要鼓励学生，运用语言的同时，热切地注视他，面带微笑，会增强学生的自信心。教师微笑的功能主要表现在可以为教师营造出良好的授课心境，发挥出最佳教学水平，可使学生提高学习兴趣和效率，增强理解，改善师生关系。

二是手势。手势实际上是形体语的核心，因为手势最多，也最细腻生动，运用起来更自如。手势的效果在于是否用得恰当适时准确。教学中手势的一般要求：一要与授课内容相一致，手势的多少要根据需要而定；二要讲究手势艺术，运用手势要注意适度，手势要简单精练，动作准确、协调优美；三要避免消极的手势，如斥责性的食指动作、威胁性的挥舞拳头等。优秀教师更应当学会用适度的张力、适度的幅度以及准确地把握动作的范围，使手势在课堂教学中发挥其特有的艺术功能。

三是身体姿势。身体姿势分为站姿、走姿和坐姿。标准站姿应该是抬头、提胸、收腹，两腿分开、直立，双脚成正步式45°。走姿是要在行走时步伐稳健，步幅不大不小，步速不快不慢，上身直立，双眼平视，双手自然摆动。坐姿要正，不可以倚靠在一张桌子上，使学生以为教师精力不足；不可手托下巴，表现出漫不经心。教师的身体姿势要注意协调、适当、简练、稳重，应与所讲内容和自身气质性格等因素相联系。总而言之，端正的体姿、矫健的步伐，无形中会增加教师讲课的吸引力和知识的可信度，使学生保持长久的兴趣和注意力。

　　四是空间沟通。有经验的教师在讲台上每隔一段时间总要变换一下位置或走下讲台，在座位间的过道里来回走动，一是为了适应教学，不至于长久站立而太累；二是通过距离的调节来提高学生接收信息的效率。空间距离还伴随着音量的改变。对学生个别问题的处理，教师往往走近学生，近距离低声说话，而教师面对全体学生上课时就要在讲台上远距离大声讲话。同时，利用空间距离也要注意方式，注意情境场合的选择，注意学生的年龄和性别。

　　五是仪容仪表。教师的仪容仪表是一种静态的形体语，也是心理学上的第一印象，它包括教师的服装、发型、面孔以及眼镜、饰物等，是教师形象中最明显最易于被学生观察到的部分。因此仪容仪表对塑造教师个体形象有直接的影响。教师的服装应以整洁、大方为原则。教师的发型一般是生活中通常保持的发型。教师在选择发型时：一要与职业特征相契合；二要与个人的气质、脸型和精神风貌相一致。女教师的妆容要淡雅、自然、适当，饰物应自然大方，不宜夸张。

　　第二，教学形体语言技能的应用要求。教育教学的目的之一是让学生在体验感悟中获取真知，应该做到让形体语言技能更好地为师生服务，发挥最好的效能。

　　一是形体语言技能应用原则。

　　首先，适用性。教师运用形体语言的目的是更有效地进行教育教学。如未能达到预期目的，那说明这样的形体语言是无效的，特别是面对比较严峻局面，凭借一个眼神，一个简单的手势制止，是无法实现的。适用原则强调教师在运用形体语言行为时要有针对性，要对实施对象有深入的了解，因地因时制宜，有的放矢，这样才能使形体语言行为发挥最大的功效。

　　其次，情境同一性。教师的形体语言行为是在教书育人过程中内心情感的真实反映，是自然发生的，这就说明教师在做出形体语言行为时要表现自如、得体。一是教师形体语言行为要与当时的教学情境相适应，注意课堂气氛，衡量采取何种形体语言能为课堂艺术锦上添花；二是教师要力求避免下意识的体态语言行为，下意识的动作往往是不规范的；三是教师要在尊重学生人格的前提下，运用适当的形体语言传递善良的愿望，积极向上的人生品质，使学生产生情感上的共鸣；四是不同年龄、不同性别、不同经历的学生心理承受能力有别，教师要有针对性地运用形体语言。

再次，程度控制。由于教师的一言一行都在学生的视野之内，教师在运用形体语言行为时要考虑到自己的所作所为都有可能对学生产生某种影响，因而应时刻对自己的形体语言行为进行适当的调整和控制。程度控制原则一是要求教师的形体语言行为注意适当的幅度、力量和频率。教师上课，不同于演员演出。室内课堂教学多数情况下学生处于思索状态，主要是被教师语言表述的教学内容所吸引。因此，教师的形体语动作不宜过分夸大，以免有失去平衡之感；而且动作频率过高会分散学生的注意力，打乱学生的思维方式，造成学生情绪紧张。教师应结合教育教学内容和要求，调控自己的形体语言行为，做到动静有度、举止有措、用得其所。教师要善于把不利于教学交往的形体语言行为掩藏，而且要"择其善"，真正发挥"以姿势助说话"的作用。如教师在非常生气时，应把这种情绪转移到教学之外的其他情境进行处理，而学生看到的将是适度的表现。

最后，追求美感。教师的言行举止往往起着净化学生心灵的作用，给学生以美的享受。教师的仪态、衣着、表情、手势、语言、板书等无不影响学生。严于律己、为人师表，以向学生进行美育的标准来要求自己，会对学生起到潜移默化的教育效果。教师的形体语言不仅能配合口头语言给学生以教育，还能最大限度地表现出艺术的魅力。在形体语言行为的运用过程中，教师的眼神、表情、手势、姿态等要和谐配合，相得益彰。站要直、行要稳、手臂挥洒自如、目光炯炯有神。矫正不良行为习惯，使自己的形体语言行为赏心悦目、自然大方，达到形神统一的美的行为要求。讲授时应生动形象，有分析、有讲解，带着教师深厚的、健康的、质朴的感情，使学生获得美的教育。

二是形体语言技能注意事项。

首先，注意教学时不要轻易背手。背手是一种消极性形体语言。教师背手一般会让学生感觉教师严肃、有权威。因此，在监考及巡视学生作业和练习完成情况时，教师可以适当地采取这种体态。但是，教师在讲台上讲课时不能背手，因为这样一来便无法用双手做出一些辅助口语行为的动作，影响讲课效果，同时也使教师显得呆板，影响学生对教学内容的兴趣。另外，在与学生交谈时，不应将双手背于身后，否则，会给学生在心理上造成一种压力，妨碍师生间的情感交流。

其次，注意双手撑在讲桌上的动作。上身向前呈倾斜状，双手撑在讲桌上以承受身体的部分重量，减轻腿的压力，这种体态在教学中十分常见。对于长时间站立讲课的教师而言，这种姿势比较舒服，但却有一定的消极作用，形象呆板。因此，教师可适当使用双手撑在讲桌上的动作，但是一节课中出现的次数不应过多，每次持续的时间不宜过长（数分钟），应该越少越好。

再次，注意控制腿部抖动。腿部抖动即一只脚为主承受身体重量，另一只脚抬起脚跟，不停地颠动。采用坐姿时，将一腿搭在另一腿上，不停抖动。作为教师，应尽量避免这些动作，否则可能会给学生留下轻浮、不稳重的印象。

最后，尽量不要近距离站立于回答问题的学生跟前。学生上讲台板演，站立于学生附近，或者提问学生时，走下讲台，站立于学生附近，这样既使学生内心更紧张，又不能使全班同学听到回答者的声音，失去了它的教育意义，这是应该尽量避免出现的情况。

6. 教师的教学板书能力

教学板书能力对于教师而言是必需的，这也是评判教师的一个标准，因此教师需要不断增强教学板书能力。板书的好坏与教学质量息息相关，公正美观的板书可以影响学生的审美能力，调整学生的整体学习态度。在教育教学过程中运用板书能力也可以突出教学重点，让课堂更加生动形象，激发学生学习的积极性。同时不同形式的板书可以让学生对知识有不同的理解与记忆，拓展学生的思维。因此，一个好的老师需要具备一定的板书能力，并要不断提升此方面的能力，让教学更具效率。

教学板书能力是教师在课堂教学中准确、有效、灵活地在黑板上以凝练的文字、符号和图表、图画等，传递教学信息的教学行为方式。教学板书能力的训练目标可确定为：第一，提高对教学板书意义的认识，重视板书，把板书当成课堂教学重要的辅助手段；第二，能够说明教学板书的作用；第三，能够熟练运用实例说明教学板书的基本格式、原则、技术要求，并掌握一些基本的书写和绘画技能；第四，能够运用板书的有关知识，准确、有效、灵活地进行板书；第五，能够处理好写与讲、板书与时间的关系；第六，能够对自己和其他教师的板书做出实事求是、富有建设性的评价。

（1）教学板书能力作用。一般而言，课堂教学板书能力具有以下作用：

第一，突出重难点，便于记忆。好的板书设计可以让整个教学框架更清晰明了，让学生高效率并连贯地接受所学知识，增强学生的归纳能力。板书可以概括整体的知识体系，将中心思想更清晰地表达出来，便于学生提炼教学精髓，将复杂的知识逐步简单化，更容易被学生理解。当然在实际教学时教学板书还可以反映出各种问题，让学生去逐步思考，理解文章的意思。当前随着科技的不断发展，很多教师在授课时会选择结合多媒体，让整个课堂和教学过程绘声绘色。有声授课的优点很多，不仅可以让课堂更生动有趣，还可以给予学生更直观的教学印象。教学板书是整体教学活动的精髓，学生可以通过板书直接明白教学内容的重点，找到整节课程的核心，同时学生还可以根据板书来做相应的笔记，便于课下学习与反思，为后期自主学习奠定坚实的基础。

第二，教师不断提升教学板书能力可以有效提高学生的注意力。目前多媒体教学虽然很多，但是在教学过程中速度过快，学生没有深入体会就进入下一环节了，不利于学生记录知识要点，领略中心思想。教学板书的运用可以很好地避免此类缺陷，让学生对整体的教学内容有更深入的回味，课下可以根据板书内容深入了解其中的意义，其简明扼要的思想更能让学生提升学习效率。有序的板书可以促进学生双向思维的发展，增强学生自我学习、自我思考的能力。

第三，对学生进行潜移默化的思想教育。布局合理、设计精美、字迹娟秀，并配以不同色彩的板书，能给学生以美的享受、美的感染、美的熏陶，能陶冶学生的情操，使学生兴趣盎然，加深对知识的记忆和理解，并且有助于培养学生良好的书写习惯、严谨认真的学习态度和规范化的书写技能。

（2）教学板书设计优化。教师在教学过程中需要不断提升板书设计，板书设计不同于简单的板书罗列，需要根据教学内容进行构架。教学板书的设计与编排可以让学生从中快速找出重点难点，高效率地完成学习任务，提升整体的教学效果。

第一，教学板书设计意识。这里重点阐释教学板书设计中的教材意识。钻研教材包括两个方面的要求：一是掌握教材体系；二是了解每个教学内容。教材体系是板书设计的重要依据之一。尤其应该注意的是，只熟悉本学期教的这一册是不够的，因为知识传授和能力的培养是一个前后关联的系统，如果忽视了这一点，就会割裂知识传授和能力训练各阶段之间的内在联系。所以，在板书设计之前，必须清楚这样一些问题：教材编排的系统，各册教材的内容，本册教材所处的地位，双基教学的任务，思想教育的要求，课型的特点，单元教学的重点等。这样才能从整体上把握教材体系，从而避免教学设计的随意性，使板书设计具有科学性。

第二，教学板书设计方法。

一是从钻研教材题目入手。有的课文题目往往是课文内容的概括、文章中心的揭示。从解题入手设计板书有如高屋建瓴，能收到事半功倍的效果。

二是从分析课文的篇章结构入手。文章结构清楚了，板书也就纲举目张了。如果教材的结构比较明显，课文的总的部分往往是文章的中心，可抓住中心立意性部分设计板书。

三是还可以从钻研课文中关键段落的关键词语入手，一篇课文的重点段落往往有许多关键词语，而这些词语既是学生应该掌握的内容，又是突破重点或难点的关键。这些词语找准了，板书的设计就灵活了。

板书的设计没有固定模式，不同的科目、不同的教学内容，板书都会有所不同，任何课文的板书都是对内容的提炼。因此教师应该在钻研教材上下功夫，板书的设计要紧扣教材，不能只追求形式上的花样创新。

（3）教学板书书写能力。教师要不断提高自己的板书能力，为提高教学质量服务，可以从以下方面着手：

一是利用好黑板。目前，一般教室的黑板都由四块玻璃板组成，中间 1/2 ~ 3/4 的位置写主板书，包括章节标题及主要内容，但一般不写到底，留下 15cm 左右，以免后面的学生看不到。其他 1/4 ~ 1/2 写副板书，即写一些提示性内容及辅助性图表、符号等。

二是注意板书与板图位置。在教学中，板书常与板图结合在一起使用，在设计时要统筹安排。一般而言，板图画在黑板两侧，但不宜将反映教学主要内容的板图放在黑板的边缘位置。使用小黑板或挂图时，板书应根据情况而定，若使用时间较长又要遮住部分黑板时，被遮住的部分不宜板书；若使用时间较短，使用完毕后应及时取下，以免影响下翻板书。

7. 教师的教学演示能力

在课堂教学中，学生掌握基础知识和基本技能的过程，一般都是从对教材的感知开始的。而"演示"则是给学生以感性认识的重要手段，也是培养学生能力过程的基本环节。所以，教师必须对演示的作用、演示的要求有全面而深刻的理解，并掌握相关的技能技巧，以提高感知效率，完成教学任务。

（1）教学演示能力的作用。

第一，有助于激发学生的学习兴趣和热情。一些学生对事物的理解把握以具体形象思维为基础，因此对具体直观的事物容易把握，具体直观的事物也容易吸引学生的注意力。例如，一个单元或一节课能较好地以演示导入，很容易引发学生的好奇心，学生容易被新奇的刺激所吸引。因此在教学中，通过演示呈现给其具体、生动的事物，可以加深其内心体验。

第二，有助于发展学生的观察能力、思维能力。在教学中，教师恰当地运用演示，能够激发学生的求知欲，培养学生观察的自觉意识，即提高观察的主动性，自觉提出观察目的、任务的能力，让学生掌握观察方法。教学中，有意识地、有计划地通过演示对学生进行观察训练，无疑是培养学生观察能力的重要途径。教学中的演示过程，教师提供展示实物或经过精心设计的模拟物，如标本、模型、图片、图表等，在特定条件下，教师用形象化的语言描绘、比喻唤起学生的表象，并引导学生对直观材料进行感知、比较、分析、综合、概括，强化学生对客观事物及现象的想象，促进学生思维能力的发展。

第三，有助于提高教学效率。通过演示，让学生有尽可能多的感官参加认识活动，就容易激发学生的学习兴趣及思考的积极性，学生就会在生动活泼的学习中学得快、记得牢。另外，现代电化教学手段的运用，如投影、幻灯片、录像、电脑等，为教学直观化提供了便利，有助于学生理解掌握知识，提高学习效率。

（2）教学演示能力的要求。

第一，演示前准备好活动教具。演示前，应根据教学需要做好教具准备，特别是实验演示，最好先做一遍，以免临时出现预想不到的问题，这不但浪费时间，而且影响教学效果。尽量使用活动教具，在相对静止的背景上，活动的事物容易成为感知的对象。如有些内容采取边讲解边在黑板上画示意图的方式，就比使用预先画好的挂图更能提高感知的效果。运用投影教学时，使用复合抽动式、线条重叠式、模型式等活动灯片，比用静止的单片效果更好。教具要注意色彩搭配，重点部分突出，要注意充分利用学生已有的生活经验。有些教学内容可选择多种直观材料相互配合，综合利用，最大限度地刺激学生的多种感官，让学生充分感知。关于直观材料本身，要正确鲜明地反映事物的实况和规律，不能模棱两可，似是而非，否则会误导学生的感知。

第二，引导学生观察与思考。学生往往只凭兴趣观察演示对象，注意他们感到新奇的东西，但这些东西并不一定就是需要感知的重点，而且常常注意了细枝末节，反而忽略和湮没了中心，达不到演示的目的。只观察而不思考，还是不能感知。因此教师在演示时，应对演示对象加以必要的说明，告诉学生观察的内容、注意的内容，同时提出一系列问题，把学生的注意力引导到他们必须进行观察的事物上去，即注意观察客观物体的主要特征和运动变化，并在感知过程中，正确地进行比较、分析、综合、概括，达到用正确清楚的语言表达从观察中得出科学结论的目的。

第三，演示与恰当讲解相结合。要使演示的作用得到充分发挥，在演示的过程中必须同教师的讲解密切配合（视听结合），因为演示时学生不是单纯地看，而且要思考。这时，思考虽然是初步的、低级的，却启动了语言思维等系统。只有通过语言思维等系统的活动（教师指导观察用的是口头语言，学生思维是无声语言），才能保证观察的全面性，防止学生产生错觉，并留下深刻的记忆。演示与语言相结合的主要作用是用生动形象的语言引导学生进行观察，以发现学习对象的主要特征。演示伴以语言的说明和解释可以弥补某一演示方式的局限性，避免以偏概全，防止形成的知识有缺陷和错误，生动形象的解说可以引导学生充分发挥想象力，使其头脑中产生立体感和"运动感"，从而更好地理解教学内容。

第四，演示过程中的注意事项。

一是演示时要尽可能让学生运用多种感官去充分感知演示对象，创造手、脑、眼、耳并用的学习条件，提高教学效果。

二是演示要适时。演示要紧密配合教学，把握好直观教具呈现的时机。过早把直观教具展示出来，会分散学生的注意力，削弱新鲜感，降低演示效果。教具用过后，应当及时收起来。

三是演示要适度。演示贵精不贵多，每堂课演示的教具不宜过多，教师要明确演示是教学的一种手段而不是目的，不能为演示而演示，要有较强的针对性，要讲求实效。

四是要使全班学生都能看清演示对象。为此，实物的大小、演示的位置、演示的速度或反复的次数等均应恰当处理。

五是演示后要认真进行总结。

（3）教学演示能力训练应用。

第一，教学演示能力训练目标。演示这种教学技能的掌握，需要通过训练来达到。经过一个阶段由浅入深地训练之后，被培训的教师应全面、正确地掌握演示的各种方法，并将其用于教学之中，提高教学效率。具体应达到五方面的目标：①能根据课标、不同的教材、不同的学生选择恰当的演示方法，帮助学生理解、掌握和运用知识，发展思维，形成能力；②能针对具体的教材、不同的学生进行不同的演示设计；③能正确、规范地进行教学演示操作和示范；④能对演示能力进行比较客观、全面、准确的反馈和评价；⑤能通过反馈和评价，不断提高演示能力，并在实践中有所创新。

第二，教学演示能力应用注意事项。学习与研究有关演示能力的理论与方法，使受培训者掌握有关演示能力的基本知识，从而为进行演示能力的训练奠定理论基础，以克服训练的盲目性。需要学习与研究的主要内容包括：①学习关于演示能力的一般性理论与方法；②学习与演示能力有关的教育学、心理学知识；③学习有关电化教学的基本知识；④学习演示教具的使用与制作方法；⑤观摩有关演示能力的教学录像或教学示范。演示能力应用设计的注意事项主要包括以下方面：

其一，设计原则。教师演示设计的成功与否，直接影响到教学效果的优劣。设计好教学演示，主要应遵循以下原则：

一是演示设计要有明确的目的性。演示的设计，首先要有明确的目的性，要有利于突出教学内容的重点或突破难点，有利于培养学生的观察、分析和综合能力。在教学过程中，应该用演示的则用，不该用的则不用，不要为了演示而演示，否则将给教学带来一定后果。

二是演示设计要有较强的针对性。教师进行演示设计时，要针对学生的心理特点、已有知识基础、经验状况，设计不同的演示，要针对教材的内容和本学校的教学条件选择恰当的演示方法。

三是演示设计要注意适用性。同样的教学内容，可以应用不同的演示方法。哪种方法最适用，需要教师在设计时根据具体情况来决定。

四是演示设计要具有鲜明性。演示设计时，要注意演示形象和实验现象的鲜明性。教具的大小要合适；如果教具太小则形象不鲜明，学生观察不清楚。教具的颜色对比要鲜明，让学生一目了然。演示的实验现象要明显，具有直观性，便于观察。有的实验可采用投影放大等方法，以达到让学生看清实验现象及反应的目的。

五是要把演示和语言讲解结合起来。在教学演示过程中单单通过观察，很难让学生理解其中的深意，从而达不到预期的教学目标，因此在进行演示的过程中需要与语言讲解相融合，这样不仅可以将教学内容展现出来，还可以运用语言词汇帮助学生理解。通常情况下我们常用的融合方式主要有三个方面：首先，在进行课程演示前，进行有效的引入讲解，让学生提前进入学习状态；其次，在教学演示过程中结合讲解，增强学生的观察能力，同时提升学生的注意力，其间教师如能伴以声调、动作的变化，则会令演示的效果大为增色；最后，讲解在演示之后，主要起总结、概括和强化的作用。

总而言之，好的教师在教学过程中要考虑学生的需求，在进行内容讲解的时候不仅要有针对性，还要生动地将其展现出来，将教学演示与语言讲解相融合，以最大限度地发挥教学的作用。除以上五个方面外，进行演示设计时，还要注意演示能力和其他教学技能的配合使用。

其二，设计的步骤。

一是研究教材，确定教学总目标。教师要通过钻研教材弄清教材的思想性、科学性和系统性；弄清基础知识和基本技能；弄清重难点和关键。在弄清这些问题的基础上，确定教学的总目标，以统领全部教学活动。

二是将教学总目标分解为若干个教学分目标，根据教学分目标和学生的具体情况以及学校的教学条件选择恰当的演示方式。

三是在教学分目标的统领下，确定演示的具体目标。这里所要确定的目标是教师应用演示所要达到的目标，它比教学分目标小，直接为教学分目标服务，间接为教学总目标服务。换言之，通过演示是为了突出重点、突破难点，还为了让学生掌握关键，是演示自身的目标。

四是演示教案的编写。为了达到训练教师掌握演示能力的目的，这里编写的教案只是运用演示能力这个教学片段的教案。这种教案一般包括两个部分：一部分是教案的主体，包括教学目标、教师的教学行为、应用的教学技能、学生的行为、需准备的教学媒体、时间的分配等；另一部分是教案的附加部分，包括科目、课题名、设计教师及单位、应附的板书、图式等。

8. 教师的学习指导能力

学习指导，广义上包括学习观、学习态度、学习方式、学习动机、学科学习规律和方法的指导；狭义的学习指导则指学习方法的指导。而教师的"学习指导能力"侧重于课堂教学中对学生学习动机、过程、方法和学习活动形式的指导。因此，学习指导能力的提升需要教师去了解学生的心理，在进行教学时为学生创造最佳的学习环境，给予学生正确的指引，通过有效的方法，让学生快速吸收知识体系，增强自身能力。

（1）学习指导的作用。

第一，改变教师的思想观念。

一是教师观的转变。教师要实现角色的转化，即由知识的传播者转化为学生学习的合作者、引导者、参与者和促进者，成为教学的研究者。教学的本质在于引导。教师的重要职责在于促使学生积极地参与学习，而且要使他们学会学习，成为学习的主人。在教学过程中，教师要实现由学生适应教师的教到教师适应学生的学的观念转变。教师要研究学生学习的心理发展规律，引导学生探究、总结学习规律。

二是学生观的转变。首先，教师要把学生看作一个有需求、有情感、有理想、需要受到尊重的人。其次，教师要承认学生拥有巨大的潜能。给予学生一定的信任，发现学生的优缺点，根据学生的需求进行教学，让所有学生发挥其所长。这需要教师深入研究学生，不断探索学生的发展方向，根据学生的发展目标因材施教。同时，学生因生活环境、价值观等不同存在一定的差异，这属于正常的现象，教师要尊重学生之间的差异，有耐心地引导学生，将学生看作正在成长的孩子，而不要成人化，学生的差异一定会转化。最后，教师要认识到学生是知识的主动建构者。学习是学生自己的事，教师的教替代不了学生的学。

三是教学观的转变。互动是教育教学过程中不可缺少的一步；教学过程中会穿插各种变化性因素，因此，我们需要综合考虑各种因素。教师教学、学生学习、教学情境的创造、教学媒体等是教学过程中需要具备的几个基本要素，依靠单一的因素进行教学不能达到很好的效果，教学过程要注意协同发展，综合整体的教学因素帮助学生更有效地完成学习，以充分提升学生各方面的能力。

第二，实现教与学协调发展。在教学活动中，教与学是一对矛盾统一体。教师的教法决定学生的学习方法，学生的学习方法依赖于教师的教法。学生的主体作用发挥得如何，取决于教师的主导作用发挥得如何。因此，教师在教学研究中，就应以学生的学习方法为切入点和基础来研究教师的教法，即做到依学定教，以教促学。如此，才能真正做到教与学互动、教学相长，才能实现教与学的和谐发展。

第三，为学生可持续发展奠定基础。人们生活在信息社会中，信息社会的特点是信息更新快，信息量大。要想适应社会发展，跟上时代的步伐，必须培养学生获取新知识的能力。学生只有学会学习，才能为终身学习和发展奠定基础。所以，教会学生学习，使其掌握科学的学习方法，已成为现代社会赋予教师的职责。

（2）学习指导的原则。对学生进行学习指导时，应当遵循以下原则：

第一，明确指导目的。应明确指导的目的是充分发挥学生学习的主动性和积极性，激发学生的潜能，使他们学会学习，真正成为学习的主体；是通过教师的指导，使学生主动参与到教学中，形成生动活泼的教学局面，改革教学方法，提高学生的学习质量。

第二，创建有利环境。只有在民主和谐的环境中，学生的思维才能活跃起来，学习的主动性才能充分调动起来，教师的指导才会更有效。在指导时，首先，教师要信任学生、尊重学生，以平等友好的态度进行指导；其次，应注意语言的启发性和鼓励性，要允许学生异想天开，鼓励学生提出不同见解；最后，要把握好课堂节奏，为学生活动留出足够的时间，避免形式主义的做法，使学生产生驱动感，促进思维活动的正常进行。

第三，加强元认知的指导。通过对学生进行元认知知识、元认知体验、元认知监控学习以及具体学习活动的指导，使学生认识自己的学习方式和思维方式，加强学习的自我反思能力、自我监控能力和自我调节能力，从而改进学习方法，提高学习效率。

第四，循序渐进，有计划地指导。学生良好的学习方法、思维品质的形成和学习习惯的养成并非一日之功，需要教师不断培养，并及时对不良行为进行纠正。因此，对于各种学习行为的培养要有计划地进行指导。只有经过反复的指导实践，学习能力和习惯才能逐渐形成。

第五，因材施教，有针对性地指导。指导是围绕学生的学习进行的。学生的学习风格不同，教师给予的指导也不一样。学生发展的不同阶段，也应有相应的学习指导目标。因此，指导时要注意学生的年龄特征、思维发展水平和经验积累，有针对性地指导才能促进学生不断发展。换言之，教师对学生进行学习指导时，在照顾普遍性的同时要加强针对性，做到因材施教。

（3）学习指导的内容。下面主要探讨自主学习、合作学习和探究学习三个方面。

第一，自主学习。学生基于总体教学目标的要求，由教师予以引导，从自身的基础和条件出发，进行个性化学习内容、学习方法和学习目标的制订并进行学习的一种方式称为自主学习。一个学生能否完成自主学习，可以从其是否能够独立完成学习目标和学习计划的制订、能否进行具体的学习准备以及能否在学习过程中进行自我监控和自我调节等多方面来进行考察和评价。

自主学习并非指学生独立完成学习，它更多的是对一种学习内在品质的要求，具有的特征包括：首先，学生要以参与者的身份进行学习目标和学习计划的制订，并在评价指标的设计过程中积极参与进来；其次，学生积极发现各种思考策略和学习策略，在解决问题中学习；再次，能够在学习中投入自己的情感，并在学习中可以获得积极的情感感受；最后，可以自我调控和监督学习认知活动，及时调整自己的学习状态。

一是培养学生自主学习能力的方法。首先，激发学生的学习兴趣。任何活动都需要建立在兴趣之上。学生的自主学习也不例外，只有结合学生的需求和兴趣，才能让自主学习不断地发展下去。因此将教学目标转化成学生的内在需求也是教师工作的一个重要方面。这也有利于学生积极地探索新方法来解决学习上遇到的问题。其次，鼓励学生大胆质疑。学生在课堂上勇于表达自己的意见，将有利于激发学生学习的积极性，从而使学生从被动学习转为自主学习。对于学生提出的疑问要正确对待，不能打击学生的积极性。

二是开展自主学习应遵循的原则。首先，创设良好的课堂环境。为了更好地促进课堂教学情景下学生的自主学习，非常关键和重要的一步就是进行良好课堂环境的营造。其次，制定教学目标时要给学生留有自主选择的余地。教师应该按照学生不同的学习层次来进行教学目标的设计，这样才能为学生提供更多选择权。并要根据学生的反馈和教学进程来对教学目标进行适当的调整。在学生的自主学习中要充分发挥出教师的引导作用。同时，教师应适当改变教学组织形式。自主学习，顾名思义就是让学生在学习中拥有自主权，所以应该对传统的教学组织形式予以变革。为学生的自主学习提供更多的时间和空间。同时教师还要针对学生的特征和个性进行有目的性的引导和帮助。再次，为学生提供适当的练习机会。自主学习中也要重视练习的作用。练习可以检验学生的学习掌握情况，培养学生的新技能和新知识等。所以练习是需要在真实的情境中展开的，并要满足学生的个性化学习需求等。这就需要教师对练习的数量和质量予以严格把控，这样才能促进学生积极性和自主性的提升。最后，使学生参与课堂管理。自主学习重点强调了学生的学。只有引导学生积极参与进来，才能真正发挥学生学习的自主性，并顺利地实现自主管理课堂的目标。

第二，合作学习。

一是合作学习的优势。合作学习指的是学生通过小组或团队的方式一起为同一个目标而努力，每个人都有明确的分工，会相互帮助和学习，其中的要素主要有：明确自己在任务中要承担的责任；积极配合其他同学共同完成任务，积极进行互动；小组成员要信任彼此，尽量避免发生冲突，做到有效的沟通；评估每个人的活动成效，并且讨论如何提高。合作学习的优势要明显多于传统的学习方式，主要包括以下内容（见表 2-1）。

表 2-1　合作学习的优势

优势	内容
突出学生的主体地位	突出学生的主体地位是合作学习最突出的一个优势，始终以学生为中心，以学生为主体，学生同时兼具能动者和受动者两种角色。在合作学习中，当学生意识到自己是受益者并且大家有着相同的目标时，就会为了小组的成功而共同努力，从而积极地参与到教学活动中，这时就会充分地展现出学生在合作活动中的主体地位
促进学生的人际交往	合作学习的竞争不是个人之间的，而是各个小组之间的。只要学生尽自己最大的努力就会得到相应的认可，这样可以让成绩较差的学生充满自信，进而积极地与其他学生进行交流与沟通。此外，学生在小组内进行合作可以让他们有一种自己正在被依赖的感觉，这会让他们不自觉地去倾听，去帮助其他同学，在这个过程中，学生会给予他人足够的尊重，而尊重又让学生之间有了更多的交往
促进全体学生的发展	合作学习以标准参照评价作为教学评价的尺度，其评价的依据不是个人成绩，而是小组的总体成绩，只有小组获得成功，个人才能实现目标。这就意味着在小组中成绩高的学生要主动帮助成绩低的学生，进而实现全组人员的共同进步与发展
促成教师角色转变	在合作学习中，教师和学生的角色有了合理的分工，即教师"导"、学生"演"，教师是学生学习的引导者、合作者、参与者和促进者。合作学习的大部分时间都是学生的，教师会引导学生通过合作进行交流与沟通，进而获取知识，这时课堂的主导者就变成了学生，而教师则成为课堂的引导者。此外，这也会让教师有更多时间投入教学设计中

二是合作学习的指导。人类离不开合作，因为合作是人类发展的不竭动力。在人类的教育活动中，培养合作精神是非常重要的一个内容。现代教学以学生为主体，相比于传统教学，合作学习的优势明显更注重这一点，所以合作学习已经得到了更多认可。

首先，合理分组，异质互补。合作学习能否实现良好的教学效果不仅取决于合作动机，还取决于个人的责任心，每一个小组成员都要明确自己在任务中要承担的责任，同时与其他成员进行积极的互动，这就要求教师必须做到合理分组。一般而言，4～6人是一个小组的最佳人数。合理搭配具备不同特长和能力的学生；合理搭配学习基础不同的学生。在划分完小组之后就要分配学习任务，在明确个人职责的基础上分工合作。

其次，精心指导，有效讨论。学生可以在讨论过程中直抒胸臆，相互交流和帮助，从而不断获取新的知识，提高自身的思维能力。因此，教师应该把重点放在讨论内容上，把控好学生的讨论时间，指导好学生的合作行为。在他人发言时，教师要引导学生注意倾听，给予他人足够的尊重。学生在合作学习的过程中要积极地提出问题，发表自己的意见，教师要引导学生做好准备再发言，不断提升学生的表达能力。在合作学习中，学生能够相互鼓励，教师也要引导学生多多支持他人提出的意见，并在此基础上进行拓展和补充。学生在合作学习的过程中会产生很多交流，而同学之间的交流与切磋非常有助于他们完成学习任务。因此，教师不仅要鼓励学生积极帮助他人，还要鼓励学生善于求助他人，教师还要指导学生树立批判意识。

第三，探究学习。探究学习旨在提升学生的实践与创新能力，其核心在于教师的精心引导与学生的自主探究。在学习过程中，学生采用探究的方式不仅能获取知识，更能增强学习能力和独立思考能力。此方式有效激发了学生的创新精神与自主学习意识，营造了积极向上的学习氛围。

探究学习的一般步骤。①提出问题。鼓励学生深入自然环境，观察现象，提出问题。教师设计启发性情境，或引导学生自主发现并提出问题，同时鼓励学生查阅相关资料，以拓宽视野。②确定探究方向。学生在教师指导下，预测探究中可能遇到的问题，提炼关键问题，明确探究方向，并尝试形成初步假设。③组织探究。学生制订详细研究计划，包括时间表、任务分配及分组情况，教师提供必要的指导和建议。④收集与整理资料。学生通过多种渠道收集信息，教师协助筛选有效资料，并指导学生进行深入分析和评价。⑤获得结论。学生阐述分析结果，验证假设，形成结论，并以多样化形式展示，如讲故事、作报告等，教师在此过程中提供反馈和支持。⑥采取社会行动。结合实际情况，学生制订行动方案，开展社会实践活动，如环保宣传等。教师可鼓励学生联系社区或相关部门，并提供必要的帮助。

探究学习的阶段如表 2-2 所示。

表 2-2　探究学习的阶段

阶段	内容
问题阶段	教师设计激发思考的情境，引导学生提出问题；师生共同筛选和确定探究选题，确保选题符合学生能力水平和学习内容
计划阶段	学生根据兴趣和优势自由分组，制订详细的探究计划。教师指导学生明确探究步骤和方向，鼓励学生以研究方案形式呈现计划
研究阶段	教师协助学生收集、整理资料，提供多样化信息收集渠道和方法指导。学生进行小组合作，分析信息，解决问题。教师适时参与讨论，给予专业指导
解释阶段	学生将新知识与旧知识融合，形成新的观点和解释。教师指导学生整理资料、分析数据、推理逻辑关系，提升学生的信息处理能力，鼓励学生尊重事实，真实反映研究结果
反思阶段	教师与学生共同评价探究过程和结果，进行反思与交流。通过提出问题和建议，促进学生对探究学习的深入理解和自我提升

9. 教师的教学收束能力

（1）教学收束的作用。课堂收束又称课堂教学小结，是课堂教学的一个必不可少的重要环节。它与课堂导入是相对应的一对范畴。导入是始，收束是终；导入是开，收束是合。一始一终，一开一合，构成课堂教学矛盾运动的完整过程。课堂收束的类别包括：①单元（知识点单元）收束，指单元教学小结；②课题（某一知识点）收束，指一篇课文或某一知识点的教学小结；③课时收束，指一节课的最后教学环节。

课堂收束的作用包括：一是对学生学习的知识具有归纳作用。二是对学生的思维起着整理的作用。收拢学生纷繁的思绪，帮助他们厘清思路，变瞬时记忆为长时间记忆。三是对整堂课的教学起着"回炉"提炼的作用。衡量一名教师是否圆满地完成教学任务的重要标志之一。因此，一堂完美的课程，不仅要有好的开头，而且还要有完美的收束。课堂教学必须讲究收束艺术。

（2）教学收束方法的类型。课堂教学在接近尾声时，教师可采用多种方法来有效收束，以确保教学内容的完整性和学生能深入理解。这些收束方法的选择应基于不同学科特点以及学生年龄段差异进行灵活调整。教学收束的基本方法主要包括以下类型。

第一，归纳式。归纳式收束是指教师在课堂教学结束阶段，将本堂课所教学的知识整理、归纳，使之条理化、系统化，以及时强化重点，明确问题的关键，是巩固知识、掌握知识的一种方法。这种方法有时可先启发学生做小结，然后教师加以补充、订正，它可以对课堂学习内容达到纲举目张的作用。

第二，比较式。比较式收束是指教师在一节课堂教学结束之前，利用讨论、辨析和比较的方式让学生回顾教学内容，加强他们对课程内容的记忆和了解，从而帮助他们提高自己的分析鉴别能力，让他们根据自己在课堂上学习到的知识举一反三，拓宽和发散思维，不断提高思维的灵活性。比较式收束方法更加强调学生的主体性，要求学生用简单、精练的话语，总结本堂课的重点、难点和关键内容，教师再对他们存在的问题和疑惑查漏补缺，让他们进一步增强理解，对知识点的掌握实现从抽象的感觉到具象的理解的跨越。这样的结尾方式，让学生按照说理的顺利来谈论，帮助他们答疑解惑，对"事例服务于观点"的道理、行文有序的原则理解更深刻。换言之，这样收束真正达到了举一反三、触类旁通的作用。

第三，悬念式。设悬念经常作为艺术手法运用在艺术创作中，如评书、电影、小说和戏剧等，利用这种方式，可以增强艺术作品对观众和读者的吸引力，让他们怀着悬念、期待、猜测和渴望的心态，在作品中寻找真相和结果，揭开迷雾。悬念的艺术手法在课堂教学收束中也得到普遍运用。这种悬念式的课堂收束方法往往是为了拓宽学生的视野，把学生的眼光引向课外，让他们自己去获取知识。

第四，高潮式。高潮式是指教师结束这节课堂教学之前，以一个小高潮结尾，让学生通过这种惊喜的方式，加强对知识点的理解记忆。

第五，练习式。练习式是指在课堂教学接近尾声时，教师采用小测验、安排练习题以及布置课后作业的方式进行教学总结。这种方法因其普遍性和便捷性，成为当前最常用的课堂收尾手段之一。它主要包含两个核心环节：一是总结巩固，即引导学生回顾并梳理本节课的主要知识点、关键问题、实验内容及其现象背后的原理与规律；二是通过练习与测验的形式，对上述内容进行强化练习，以加深学生对知识的理解和记忆，同时帮助教师评估学生的学习成效，及时发现并弥补教学中的不足。另外，家庭作业作为练习式收束的延伸，对于加深学生对教材内容的理解、提升知识的应用能力和巩固所学技能具有不可或缺的作用。因此，教师应当精心设计家庭作业，确保其既符合学生的学习进度和能力水平，又能有效促进学生综合素养的提升。

第六，回味式。回味式课堂收束方式恰似影视艺术的结尾，每当看完一部影视作品，观众往往会对结尾产生不同的想象，并对这种想象的结果进行深思和抉择。回味式的收束方法是指教师在对一堂课进行结尾时，用比较含蓄的艺术手段来结尾，从而产生回味无穷的成效，便于学生在课堂结束后还能拓展思维，展开遐想，从而激发他们对学习和知识的探索，提高思考的主动性和积极性。这种方式能帮助学生锻炼多向思维能力，提高创造力，继而增强思维的灵活性、创造性、宽广性和敏捷性。同时，还将学生的听说读写等能力结合起来，从而加强学生对课文的记忆和理解。

第七，提问式。提问式收束就是在下课前，教师根据本节课讲授的内容、方法或规律及注意事项等，用提问的方式，引导学生自己做出小结，从而加深学生对有关问题的印象与理解。

第八，朗读式。朗读式收束方法在语文课堂上最常见，即让学生诵读课文（或其他文字材料）来结束一堂课，让学生对所学内容再次加深印象。

（3）教学收束能力的要求。

第一，教学收束途径与要领。

一是课堂教学收束的途径。①知。收之以知，指对知识的归纳整理系统化，这是最基本的途径。②能。收之以能，通过读写结合等技能训练结束教学。③智。收之以智，包括回忆背诵、提问思考、联想想象等心智活动。④情。收之以情，对那些文情并茂的教材，下课之前不妨再做一番情感渲染，照应开头，让学生回味无穷。⑤趣。收之以趣，最后讲一些与课文有关、能给人以启迪或让人愉悦的逸闻趣事，强化学生学习的兴趣。

二是课堂教学收束的基本要领。①情绪饱满，紧扣目标；②方式简便，方法灵活；③语言精练，形式新颖；④把握时间，板书配合。

第二，教学收束的原则（见表2-3）。

表 2-3　教学收束的具体原则

原则	内容
目的性原则	收束能力服务于教育目的，好的收束有利于取得更好的教学成效。所以，教师对收束内容和方式进行选择和确定时，要始终以这节课预先确定的教育目的为参考依据，课堂小结也始终要围绕这节课的教学重点、知识结构以及教学目的开展，以课堂教学采取的情景和学生掌握知识点的具体情况为基础，让这些新的知识点与学生以往形成的知识结构融合起来
趣味性原则	课堂教学中如果使用更有趣的收束方式进行课堂结尾，能够将学生学习动机进一步激发出来，让学生以轻松的心态参与学习，集中注意力。教师要在每一节教学内容中，结合学生的兴趣爱好所在，将收束方式设计得有趣新颖，可以选择设置悬念或者总结概括或是提出问题，不能总是一成不变，否则很难吸引学生的兴趣。不管怎样收束，都要给学生以启发，以激起他们努力探索的积极性
一致性原则	一节课在进行收束时，要保持首尾呼应，让结尾和导课相结合。有些收束是为了对导课中设置的问题进行解答或总结，或者延续和升华导课中设计的思想、精神

（二）教师的思想教育能力

　　社会的发展和进步推动了教育事业的改革和创新，新课程改革提出后，我国各个阶段的教育都进行了大范围的革新，传统应试教育不再符合当今学生的生存发展需要，企业用人更重视毕业生的综合能力以及综合素养。大学生作为即将进入社会的建设者，要对自身的思想观念以及道德规范有科学、准确的认知，树立正确的世界观、人生观、价值观和是非观，要用科学、发展的视角去面对、分析社会发展的大趋势，进而做到不忘初心，做好本职工作。"实现这样的教育目的就需要高校教师有效提升自身的思想教育能力，为学生未来的发展奠定基础。"[①]

　　第一，教师的思想教育能力直接影响着学生的思想道德建设。教师不仅是知识的传播者，还是学生思想道德的引领者。通过日常的教学活动，教师可以潜移默化地影响学生的思想观念和行为方式。教师需要具备深厚的思想教育能力，才能在教学过程中自觉地将社会主义核心价值观融入教学内容中，

---

① 黄安生. 高校教师思想政治教育能力的提升路径 [J]. 中外企业文化，2021（5）：102-103.

引导学生树立正确的世界观、人生观和价值观。例如，教师在讲解历史事件时，不仅要传授事件的事实和过程，还应引导学生思考事件背后的思想意义和价值取向，帮助学生形成正确的历史观和爱国情怀。

第二，教师的思想教育能力体现在对学生个体发展的关注上。每个学生都是独特的个体，具有不同的性格、兴趣和发展潜力。教师应充分尊重学生的个体差异，通过多样化的教育方法和手段，激发学生的内在动力和潜能。教师需要具备敏锐的观察力和洞察力，能够及时发现学生在思想和行为上的问题，并进行针对性的指导和帮助。例如，对于有思想困惑的学生，教师可以通过个别谈话、组织主题班会等形式，帮助他们解开心结，树立正确的价值观。

第三，教师的思想教育能力还体现在对学生社会责任感的培养上。在当前全球化和信息化的背景下，学生面临着更加复杂的社会环境和多样化的价值观冲突。教师应通过教育活动，引导学生认识到自己肩负的社会责任和历史使命，培养他们的社会责任感和公民意识。例如，教师可以组织学生参与社会实践活动，让他们在实践中体验和感悟，增强社会责任感和使命感。

第四，教师的思想教育能力需要通过不断学习和自我提升来实现。教师不仅要具备扎实的专业知识，还应不断更新自己的知识结构和教育理念，适应社会发展的新需求。教师应积极参加各类培训和进修活动，学习先进的教育理论和实践经验，提高自己的教育水平和思想素养。只有不断学习和提升，教师才能更好地应对教育工作中的各种挑战，更有效地进行思想教育。

第五，教师的思想教育能力需要在学校和社会的支持下得到提升。学校应为教师提供良好的教育环境和资源，鼓励教师进行思想教育的创新和实践。社会各界也应关心和支持教师的工作，为教师的发展创造良好的条件和氛围。例如，学校可以定期组织思想教育研讨会，邀请专家学者进行指导，促进教师之间的交流与合作。同时，社会各界可以通过设立教育基金、举办教育论坛等形式，支持教师的思想教育工作。

（三）教师的教育科研能力

以教育的实践和理论为对象，揭示教育现象及其规律性的科学研究，即教育科研，它既是改革和发展教育事业的必要条件，也是提高教师素质的重要途径。教师在坚持以教学为主的同时从事教育研究，把"教书""读书""写书"结合起来，可以更自觉地钻研教育科学理论，及时掌握教育信息，不断丰富学识，不断提高治学能力和教育教学水平。为此，教师必须努力掌握从事教育科研的能力。

1. 教师教育科研能力的要求

（1）坚持教育科研正确方向与科学态度。

第一，从实际出发，把握科研方向。教育科研的范围极其广泛，既有宏观问题，又有微观问题；既有理论问题，又有实际问题。但不论研究怎样的问题，都不应忘记教育科研的使命在于揭示教育的现象和规律，为教育改革和发展服务。更何况教育科学是具有很高应用价值的科学，如果进行纯理论的经院式研究，就失去了教育科研的意义。

一般而言，教师身处教学第一线，担负着繁重的教学任务。教师不像专门的教育科研人员那样有较多的时间和精力从事科研，教育理论知识相对而言也比较薄弱，但教师对教育现实问题更为敏感，具有丰富的教育实践经验。因此，教师从事教育科研，应结合本职工作，偏重研究实际问题，而不宜脱离自己的工作实际，丢掉自身的长处和优势，去搞理论性较强的研究，有时可以从总结经验入手，致力于把经验上升为理论的研究，从而用教育理论指导教育实践。

第二，坚持实事求是的科学态度。一是对客观真理要忠诚。科学研究的目的在于探索真理，并用真理为人类服务，教育科研也不例外。而真理具有客观性，是不以人的主观意志为转移的。从事教育科研，先要孜孜不倦地追寻真理，服从真理，坚持不渝地捍卫真理，以实践作为检验真理的客观标准。二是在教育科研过程中要严肃认真、一丝不苟。科学知识要求清晰、准确。在教育科研过程中，要用科学的方法去搜集充分的事实材料，在进行定性和定量分析时要实事求是，在此基础上所得的结论要合乎逻辑，经得起实践的检验。三是要谦虚谨慎，团结互助。进行教育科研，要求我们在真理面前谦虚谨慎。科学研究作为探索真理的过程，其任何成果都是建立在前人成果的基础上的。何况在科学技术高度分化和高度综合化的今天，许多课题的研究需要多方面人员互相配合、协同合作。因此，从事教育科研，要遵守科研道德，谦虚谨慎，互相尊重，取长补短，团结协作。四是要坚韧不拔，顽强探索。任何工作要取得成就都需要付出时间和精力，都会遇到各种困难。进行教育科研，要有坚韧不拔的顽强意志，要刻苦勤奋，持之以恒，要能在挫折面前不悲观失望，在失败面前不徘徊退缩，始终有决心、有信心、有恒心。

（2）熟悉并遵循教育科研规律。开展任何工作都必须遵循一定的科学程序，科研工作也不例外。一般而言，开展教育科研要经过以下步骤：

第一，选择课题。选择教育科研课题至关重要，它是教育科研的起点，也决定着教育科研的方向，关系到教育科研的结果，以至于关系到整个教育科研工作的成败。在科研工作的起始阶段，人的头脑并非一片空白，他有长期积累的某些事实和理论。在此基础上选择课题，提出假说，即为"引起"。在以后的研究过程中，研究者收集大量的资料来检验假说。在检验中，有的假说被证实；有的被推翻；有的被修正；有的有了新的发展。这便是"调整"和"控制"。选题过程就是提出假说的引起过程，假说的质量如何，是否科学合理，是否有价值，无疑会影响教育科研的进展和结果。

第二，查阅文献。严格而言，查阅文献与选择课题同时开始，并贯穿于教育科研的始终。而且，查阅文献是教育科研的重要方法之一——文献法。

一是查阅文献是为了避免不必要的重复或重蹈覆辙。系统而周密地了解前人对自己所要研究的课题是否做过研究、如何研究、有何成果，不但可以保证自己的研究建立在超前的教育科学水平基础上，而且可以避免把时间和精力浪费在不必要的重复研究方面。

二是查阅文献是为了能吸收前人的经验和成果，以便有所进展和突破。在科学史上，任何科学成就都是继承、总结前人已经积累的研究成果并有所发展的结果。查阅文献，了解对本课题的研究有哪些可供参考和借鉴的资料，并利用这些已知的成果向未知领域进军，这样才能创造出先进的科学成就。

三是查阅文献能借鉴研究方法，扩大眼界。广泛地参考同类研究采用的方法，了解和分析各种方法的优缺点及其成败得失，才有可能使自己的研究有更科学的方法，从而超越前人的水平，达到更高的境界。有时候，有的文献与自己的研究课题并无直接关系，但它可以使研究者熟悉有关科学领域的情况，可以增强思维的广泛性和深入性，从而进行相似思考，获得"触类旁通"的效果。

第三，制订计划。所谓研究计划，是根据所研究课题的性质、内容所拟定的实施方案，包括研究题目、研究范围（即研究对象、内容及采用资料等方面），研究的目的意义，研究的主要方法和手段，研究人员及其分工，主要资料来源，研究步骤（包括各阶段的时间分配计划及阶段成果）、经费预算等。研究计划制订得科学周密，切合实际，能使研究工作更有目的、有计划地进行，可以减少盲目性，提高自觉性，取得事半功倍的效果；能使正确的结论从研究中合乎逻辑地产生；能使各方面的研究工作协调地配合起来，形成一个或大或小的系统工程，按时、保质保量地完成科研任务。

第四，收集资料。收集资料不但指通过查阅文献所获取的资料，而且指在查阅文献的基础上，针对所要研究的课题，采用观察、调查、实验等方法从研究对象处获取的事实材料。收集资料是研究工作的一个重要方面，属于基础工程。科学研究必须建立在大量的事实材料的基础上。有了事实材料，才能对材料进行整理分析，得出以事实为依据的可靠结论，并以此指导教育实践。所收集的资料要丰富，在整理分析时要全面深刻；所收集的资料要真实，结论才可靠；所收集的资料要新颖，才有可能使科研工作有新的进展，研究成果才有创造性。

第五，整理分析。整理分析是对所收集的资料进行分类、核查、挑选、汇总、统计，并积极进行定性和定量分析，使感性认识飞跃为理性认识，从而得出科学的结论。对资料的整理分析能使研究成果瓜熟蒂落、水到渠成。从某种意义上说，整理分析的结果本身就可能是重要的研究成果。例如，对调查所得的资料进行整理分析，写出调查报告，如果该调查报告抓住了主要问题，做到了准确可靠，而且调查的问题是人们过去所没有注意到或不了解的，那么这份调查报告本身就具有科学价值，就是研究成果。

第六，撰写报告。经过对资料的科学分析之后，将研究过程以及所取得的结果用文字表述出来，这项工作就是撰写报告。

撰写报告是教育科研工作必不可少的环节，教育科研报告是整个教育科研工作全过程的缩影，更是研究结果的文字记载。研究报告写得不好，研究成果就不能全面正确地反映出来，会影响研究成果的社会价值或经济价值。所以，撰写报告既是研究工作的最后环节，也是相当重要的环节。

以上是教师教育科研的基本步骤，在实际工作中，上述步骤的运作往往是交错进行的，不能截然分开。

2. 教师教育科研能力的提升

根据教育的本质和特点可以看出，教育科学研究是高校教师工作中的重要活动任务。例如，教师的课前备课是进行"如何讲好一堂课"的策略性研究，上课中可以看作一种临床性研究，旁听其他教师讲课是比较性研究，评价教师讲课是有一定诊断性的研究，每一堂课结束后做的总结是反思性研究，而平时的读书写作是对各种知识的综合性研究。总而言之，教师的教育科研离不开实践，或者教师的科研是一种"理性"的实践。一个教师只要以教育教学为中心、以学校课堂为现场、以学生成长为主体，不断进行常规性、创造性的实践、反思、总结，都可以成为一名学者型、研究型教师。要提升高校教师的教育教学研究水平，需要注意以下方面：

（1）坚持不断学习科学理论。高校教师必须系统地学习和掌握教育学、教育心理学等教育科学理论，以提高自己的专业知识水平。同时，也要广泛涉猎一个或几个相关学科领域，特别是需要结合自己研究的教育课题，有目的、有意识地形成自己的知识结构。高校教师从事任何研究，如果没有扎实的理论根基，对教育现象的认识就容易浮于表面，难以发现其中的教育规律，这样的教育科研即便经常进行，也难以提升水平，更难以获得有用的成果。

（2）凝练科研思路范式。每个教师都有自己的个性特长及教育教学关注点，在进行教育科研的过程中，要善于发挥自己的特长，只有这样才会开创出属于自己的研究领域和学术专长。从研究方向和研究方法的角度看，可以侧重教育教学技巧的研究，采取案例分析，从点到面，发现新的问题，提出自己的观点和对策；也可以侧重教育教学的策略研究，采取调研统计，由面到点，提出自己的见解和方略。一个教师要形成自己的研究风格并不容易，首先需要学习别人的研究风格；其次在这一基础上形成自己的风格，体现自己的价值，并从中体会到教育科研的乐趣。

（3）扎根教育实践。理论与实践的关系是众所周知的，简单地说就是理论源于实践，实践需要理论的指导。观察、思考和实验是研究自然科学的三种主要方法，靠观察来收集事实，靠实验来证实思考的结果。在这一点上，教育科学研究与自然科学研究是一样的。高校教师具有丰富的实践资源、条件和基础，在科学理论的指导下，观察、思考和实验会更有价值。这个价值就在于在实践中发现问题，在研究中解决问题，同时也以实践检验研究成果的价值大小。

（4）培养良好教风学风。所谓学风，对学生而言，是学习之风，包括学生的学习态度、学习氛围；对高校教师而言，是为学之风，具体体现为教师的教学之风、学术之风。教师坚持发展自己良好的学风需要做到：踏踏实实地将教育教学工作视为自己的事业追求，这是做好教育科研的基础，也是教育科研的目的；以刻苦钻研、勇于探索的精神思考和解决教育教学问题；坚持务实严谨的治学作风，不马虎、不急躁、不闭塞，孜孜矻矻，潜心研究，持之以恒。

（四）教师的教学管理能力

教师的教学管理是根据高校的特点和教学任务，遵循教学客观规律，按照一定的目标、原则、程序和方法，对教学工作进行科学的计划、组织、指挥、协调和控制的过程。"教学管理是高校最基本的管理活动，也是管理的中心内容。"[①]高等教育管理中教师教管能力主要涉及以下方面：

1. 教师教学计划管理能力

计划是管理的基本职能之一，也是管理过程的起点，是不可缺少的程序。教师教学计划是组织实施教学的总体设计，是高校培养专门人才和组织教学过程的依据。教学计划应包括学制教学制度、培养目标、课程设置和各个教学环节的时间分配和学时安排、进度计划等，它体现了国家、用人部门、委托培养单位和高校培养专门人才的模式和对教育、教学工作的基本要求。

（1）教学计划制订。教学管理必须先抓好教学计划的制订。明确指导思想，这是制订教学计划的先决条件。制订教学计划的指导思想是，教学计划必须全面贯彻教育方针，遵循国家法定的高校培养目标和基本规格，面向现代化，面向世界，面向未来，遵循高等教育的客观规律和科学管理原理，并

---

① 柯佑祥. 高等教育管理 [M]. 上海：华东师范大学出版社，2000：262.

从学校本身的性质任务出发，使高校依据这种教育教学计划培养的专门人才能够全面适应现代化建设发展的需要。这些也是制订教学计划的基本依据。教学计划是高等教育培养目标和基本规格的具体体现，它直接影响专门人才的培养质量和规格。根据上述指导思想，制订教学计划必须遵循以下基本原则：

第一，坚持德智体全面发展的原则，把德育、专业培养目标的实现和体育贯穿于高校教育教学的全过程。

第二，理论联系实际，既重视和加强专业理论知识的教学，又注重教育与生产、科研的结合。

第三，在传授知识的同时培养和提高大学生的能力。一方面，妥善处理自然科学与社会科学、基础与专业、主干课程与一般课程、教学内容相对稳定与不断更新等方面的关系；另一方面，把大学生获取知识和分析与解决问题等能力的培养贯穿在教学全过程。

第四，在发挥教师主导作用的同时，充分调动大学生学习的主动性和积极性，精选教学内容，减少讲课学时，增加大学生的自学时间，改革教学方法和考试方法，实行启发式教学，注意能力的考核。

第五，因材施教。在满足培养目标和基本规格的前提下，要尽可能扩大选修课的范围和比例。在保证大多数学生达到基本规格的前提下，注意对优秀学生的选拔和培养，对特别优异的学生可以另外安排教学计划。对学习困难的学生，要给予关心和帮助，以使他们达到基本规格要求。

（2）教学计划执行。首先，教学计划的执行主要在教学过程中体现。编制教学大纲、教材以及进行教学，是执行教学计划、完成教学任务的落实和保证。其次，对教学计划执行情况的检查也是保证完成教学计划的重要措施。既可以通过听课、召开座谈会、进行统计分析等经常性检查方式，也可以通过期中教学检查、期末工作总结和定期评估等方式，把检查、总结、评价相结合，分析和评价教学计划执行的效果，提出改进的措施，使教学计划的管理不断完善。最后，高校的校、院系、教研室等制订年度或学期的教学工作计划等，既是教学计划的具体化和补充，也是执行教学计划的一种形式。

2. 教师教学计划管理策略

（1）抓好课程的建设。学年制要注意课程设置的系统性，以保证学生获得系统的学科专业知识。学分制和学年学分制则应该做好选修课的设置，增加课程门类，提高可选度；精心设计选修课程，构建合理的知识结构，处理好每门选修课的先行课程和后续课程之间的关系，尽可能实现成组选修和模块选修；为便于学生自由选修，要灵活安排选修课，实行全天候排课，无论白天、晚上还是假期，均要排课。

（2）加强教师队伍建设，精选教学内容。实现学年制教学计划，要求教师精心设计教学内容，既要向学生传授系统的基础知识、专业理论和学科发展动态，又不至于增加学生负担。学分制和学年学分制要求教师拥有宽广的知识面，开设高质量的课程，把新的科研成果引入教学中。如果选修课程因为课程教学质量问题而没有学生选修或学生学习不认真，那么，学分制和学年学分制反而成为降低学生学习积极性和学习质量的原因，误导学生只求顺利、轻松毕业。

（3）提高教学管理人员的素质和管理水平。学分制的灵活性特点和因材施教理念，给教学管理增加了复杂度和难度，定量化的科学管理必不可少。因此，高校教学管理人员，要在传授知识的同时更加注重提高学生的能力。教学管理部门，要严格地做好大量的教学管理基础建设工作，包括建立必要的管理指标体系，并赋予量化概念；健全教学信息反馈网络，运用电子计算机进行教学过程控制和量化管理等，提高学分制教学管理效益。学年制和学年学分制对此也有相应的要求。

（五）教师的教学组织能力

教师教学组织是指教师在课堂教学过程中为了完成教学任务，采用许多方法对课堂教学进行控制和组织管理。在教学过程中实施教学组织旨在让教师不断调节和控制教学活动中的节奏、学生注意力、速度和段落衔接以及教学方式，保障教学设计方案在教学活动中顺利开展，进而推动教学目标的实现，获得更好的教学成效。教学组织管理能力是教师能力的重要组成部分。

1. 教学组织过程

教学组织能力是指教师通过一系列的行为方式，对学生的集中注意力、学习方式引导、纪律管理、和谐的教学环境等方面进行调控，促进预定教学目标和教学成效的实现。因此，开展课堂教学的支撑点在于教学组织能力，它是保障课堂教学顺利开展的重要内容，不仅对课程教学的成效和教学目标的实现有一定影响，还会影响到学生的情感、智力和思想等方面的发展。教学课堂井然有序、拥有得当的组织方法，学生的注意力集中，教师循循善诱，会使课堂教学有良好的效果。

教学组织能力是课堂活动正常开展的有力支撑，对课堂教学的方向起决定性作用。教学组织中的主体是学生和教师，组织行为的主导角色是教师。教师采取的教学组织行为可能是只言片语，可能和其他教学行为融合开展，也可能在教学课堂中开展，但是在课堂教学的过程中随处随时可见教学组织能力的"身影"。组织课堂教学的过程如下：

（1）开展组织教学的预备阶段。教师在课堂教学开始之前，站在教室门口用一系列行为提醒学生准备好开始上课，如语言、手势或眼神。

（2）组织教学在开课之前的准备。课堂铃声响起，教师走进教室，在开始讲课之前提醒学生安静，集中起注意力，保持井然有序的课堂纪律和活跃的教学气氛。

（3）正式开课的组织教学。课堂教学正式开始之后，教师作为组织教学的主导者，要对教学活动进行组织，既要将教学内容的相关概念和内容讲述清楚，也要发挥出学生的主体作用，调动他们的积极性，使其在课堂教学活动中充分投入。如果有个别学生违反课堂纪律，要进行妥善处理，既不能让他们影响课堂秩序，也不能在课堂教学中花费过多的时间和精力处理。

（4）组织教学的巩固阶段。当教师通过一节课堂教学或者一段时间的课堂教学完成了某个阶段的教学任务，便要对教学内容进行巩固，比如组织讨论、做实验、做练习或者提问等方式，了解和掌握学生的学习情况，对于大部分学生反映出的共性问题，要特别重视。

2. 教学组织管理的类型

（1）管理型组织。保障教学活动顺利开展的最大支撑是做好课堂管理，需要注意以下内容：

第一，课堂教学管理的对象和过程。课堂教学管理的目的是在课堂教学的特定时空内，合理组织与调控管理对象，特别是调动学生学习的积极性。课堂管理贯穿于整个课堂教学过程中，而不局限于一堂课的某一阶段。下面重点探讨课堂初始阶段和中间阶段的教学管理。

一是初始阶段。初始阶段包括上课铃声、课始问候、检查出勤。这一阶段管理的目的在于安定课堂秩序，集中学生注意力，使学生在精神上、实体上做好上课的一切准备，以保证课堂教学有一个良好的开端并有秩序地进行下去。简而言之，就是提供一个正常的教学环境。这一阶段管理的作用有两个方面：一方面，可以使学生很快集中注意力，把学生引导到上课的情境中来；另一方面，久而久之，可以培养学生自觉遵守课堂纪律的习惯和良好的上课习惯。教师在上课铃响之前做好上课所用教具和精神准备，并站在教室门外，在上课铃声结束、学生都走进教室后，精神饱满、从容不迫地走进教室。教师这样做可以起到两方面的作用：①以教师的示范作用督促学生做好上课的相关准备工作；②高涨学生的学习情绪。此外，了解学生出勤情况的目的是便于对缺勤学生进行必要的补课，并严肃课堂出勤纪律。

二是中间阶段。中间阶段包括引起并保持注意和兴趣、安排好教学结构、控制好教学节奏、维持课堂纪律等。由于课程的类型不同，具体管理措施也有一定的差异。例如，讲授新知识的课既可以从学生原有的知识结构出发，唤起他们的求知欲，也可以通过启发式提问、插入性例证等，把学生的注意力吸引到要讲的内容上来。这时，适当的提问、语调的轻重顿挫、指令语的恰当运用等，都是保持注意力和兴趣的有效方式，而练习课则常常从复习定理和原理开始引起学生的注意和兴趣，然后用适当的巡视辅导、集体讨论作业错误、检查个别学生的作业等方式，保持学生的注意和兴趣。

在课堂中间阶段的管理，一个十分重要的问题是保持课堂纪律，维持课堂教学秩序。这当中的一个十分重要但不一定经常遇到的问题是运用教育机制，灵活、稳妥地处理影响教学秩序的偶发事件。一般认为，维持课堂秩序、保证教学秩序是狭义上的课堂管理，是课堂管理的主要内容。因此，对于课堂上可能出现或已经出现的影响教学秩序的事件，要给予高度重视。

第二，课堂教学管理的必要性。

一是课堂教学管理是引起并保持学生的注意力和兴趣的需要。注意力和兴趣都是影响学生学习的重要因素。课堂教学活动是师生的双边活动，需要教师和学生共同参与。因此，在课堂教学中，教师若想向学生有效地传授科学文化知识、开发智力、培养能力和良好的个性品质与思想品德，必须先打开学生心灵的门户，唤起学生的注意。同时，在课堂教学中，只有学生保持应有的注意（警觉水平），教师传授的信息才能成为学生智力活动的有效刺激物，才能有效地被学生接受和理解。

人的注意力的发展具有年龄特征，受生理（尤其是神经系统）成熟程度的制约。学生有意注意的保持时间较短，注意的广度（范围）有限，注意的分配能力较弱，注意的稳定性、主动性、紧张性也处在发展的初、中级阶段。这就需要教师运用多种管理方式，引起学生对教材内容的注意，并使学生保持一定的警觉水平，以保证对教学信息的准确接收。如果不对学生的注意进行引导，不管教师讲得多么透彻，也会由于学生的注意力不集中而听不明、看不清，起不到促进学生学习的作用。因此，课堂管理的重要作用，就是要通过合理分配教材内容，采用多种教学方式合理安排教学结构、控制好教学节奏，运用语言、语气、动作等，引导和保持学生的注意和兴趣。

二是课堂教学管理是维护课堂秩序、创造良好的教学环境，使学生形成遵守纪律和秩序的习惯的需要。教师的根本任务是教书育人，但教师在课堂上面对的是由众多学生组成的班集体。学生的纪律观念是在教学过程中逐步形成、发展起来的。学生正处在生长发展的关键时期，可塑性强，更需要教师加强管理。教学管理不但对于学生成长是必需的，而且对于课堂教学的进行也是必不可少的。

第三，课堂教学管理的原则。

一是目标原则。在课堂教学管理中坚持目标原则，就是要始终以教学目标为核心开展课堂管理，保障课堂教学目标的实现。教师在上课之前，必须采取一系列措施让所有学生了解这节课的具体教学目标，让教学目标成为教师和学生共同的努力方向。可见，教学目标为开展课堂教学提供科学、正确的指导，是组织开展好课堂教学的基本出发点，教学目标的确定和明晰，意味着课堂教学有了"主心骨"和中心，才能统领整节课堂的教学活动，让课堂教学活动始终以教学目标为中心来开展。从学生的角度而言，他们只有清楚了解和认识到这节课的教学目标，才能让自己带着目的和目标进行学习，认真听课，并且带有一定的监督色彩对待教学活动，提高他们参与课堂的积极性。这有利于激发出学生更多的学习热情，提高他们自主学习、自主管理的能力。从教师的角度而言，他们在课堂教学中扮演着管理者的角色，为了完成预先设定的教学目标，教师不但要采取评价、组织、协调和激励等一系列的管理措施，而且将衡量课堂管理成败得失的重要标准设定为教学目标的完成情况。

在具体的课堂管理实践中，往往有些教师过分强调课堂管理的表面现象和秩序，如统一的坐姿和行动、安静严肃的课堂氛围等，而没有充分发挥出教学目标对课堂的管理作用，采取的管理措施与教学目标背道而驰，因此很容易对学生的思维方式和学习积极性造成不良影响。在课堂教学中，教师要充分发挥出教学目标的管理作用，必须以教学目标的需要为依据，在学生之间、教师和学生之间进行讨论，这样才能激发出学生的学习热情，让他们大胆表达，不仅有利于推动课堂教学的顺利开展，取得更好的教学成效，还能提高教学目标完成的效率。所以，只有在课堂教学中始终以教学目标为核心，才能防止出现"形式上"的管理方式，从而形成与教学目标一致的课堂管理方式。

二是增强激励原则。激励主要包括鼓励行为、动力形成和动机激发等含义，是指人们追求既定目标时的意愿。将激励放到管理课堂的举措中，要求坚持增强激励原则，也就是让教师对课堂教学进行管理时，采取一系列的激励措施，激发出学生最大的学习热情和积极性，这些激励举措包括增强教学活动、营造良好和谐的课堂氛围和发扬教学民主。

学习的主体是学生，课堂教学成效好坏、质量高低都受到学生参与教学活动的积极性和热情的影响。所以，教师要管理好课堂教学、实现教学目标、取得更好的教学成效，必须充分调动起学生的学习积极性和提高其参与度，这也是课堂管理的基本手段。此时，增强激励的管理原则显得十分重要，增强激励原则要注意三个方面：首先，在课堂教学中，教师要营造出良好、民主、愉悦、和谐的教学氛围，这种氛围对教学活动的顺利开展、学生思维方式的形成起到了推动作用，而且学生在学习时，应该带着一定的紧张感，但如果带着恐惧感和压抑感则很难认真学习。其次，在课堂教学中，教师要将教学民主精神充分发挥出来，让学生进行讨论和争辩，积极提出异议和分歧，勇于表达自己的看法、提出问题，允许学生对不同的问题有不同的看法，也容忍他们犯错误。同时还要在课堂管理中发挥学生的作用，保持井然有序的课堂教学。最后，坚持以正面要求为主、以鼓励为主、以发扬积极因素为主，以限制为辅、以批评为辅的"三主两辅"要求。课堂管理既需要教师明确管理的总体要求，也需要教师及时处理一些意外事件。对课堂的常规要求，教师要以变"不许"为"提倡"的方式提出来，使学生明白应该怎样做，而不要提出一大堆这也不许、那也不准的要求；对于课堂上出现的出乎教师意料的情况，要按照发扬积极因素、克服消极因素的要求加以处理，以达到鼓励学生思考、调动学生学习积极性的目的。

三是及时反馈原则。及时反馈原则是指教师要运用反馈原理，及时对课堂管理进行主动、自觉的调节和修正。及时反馈原则需要注意两个方面：首先，教师在备课过程中，要认真确定教学目标和教学策略，预见可能出现的问题，并与特定的内容和授课形式、每个学生的具体情况相联系，分析并确定出相应的管理对策。教师在备课时若没有充分考虑管理因素，设计相应的对策，必然会使课堂管理缺乏明确的意识导向，进而导致管理环节出现措手不及、影响教学进程甚至降低教学效率的现象。其次，教师开展课堂教学的方式和管理行为不是一成不变的，而要根据实时的信息对管理活动进行调整。课堂教学是动态的过程，虽然时间和空间是固定的，但是学生作为参与教学的主角之一，存在许多不确定性和突发因素。所以，教师要对教学目标和课堂教学成效，以及具体的教学情况进行比较和分析，对管理课堂教学的方式进行调整，并且采取合适的方式将调整措施告知学生，推动教学活动有序开展。

第四，课堂教学管理的影响因素。维持良好的课堂管理受到多方面因素的影响，这些因素主要包括管理者素质的高低、教学课堂的实际情况、科学的管理方法和正确的管理指导思想等。影响课堂教学管理的因素包括以下方面：

一是一个班级的学生数量。一般而言，课堂教学的管理难度与班级的学生数量成正比，人数越多，规模越大，则管理难度越大。

二是课堂的学习环境。安静的课堂环境对学生的学习和教师开展教学活动以及课堂教学管理都有很大的益处。同时，教室环境也是影响课堂管理的重要因素，教室环境主要包括教师的穿着和言谈举止，教师的色彩以及教学用具的使用情况，还有教室里面座位的排列等。其中就座位排列情况而言，如果座位是学生自由选择的话，一般会产生两种情况。首先，如果学生自由选择坐在前排到中间排的座位，那么这些学生普遍的特点为：热爱学习，对学习有很大的兴趣，对老师也非常尊重和友好；始终用积极的态度对待学习，并且学习十分认真和努力，能取得较好的成绩；在课堂教学中能与老师在视线和口头上保持良好的接触，会积极参与课堂教学活动，与后排座位和两边座位的学生的成绩相比，他们的成绩往往更好。其次，如果学生自主选择坐在后排座位或者两边的座位，他们的特点与坐在前排或中间的学生相反：对学习没有多大兴趣；对待学习不认真，比较消极，缺乏学习的自主性和独立性；在课堂教学中不敢和教师有视线或者口头接触。因此，教师在对课堂教学进行管理时，应该采取以下举措：对座位进行定期调换，让所有学生都有机会能坐到有利于参与课堂活动的区域，认真学习，激发他们学习的积极性；要加强对后排座位和两边座位学生的管理，增加对他们课堂提问和巡视辅导的时间、机会，从而增强他们作为学习主体的意识，让他们积极参与到课堂教学中；教师对于后排座位或两边座位的学生，要给予鼓励性的措施，增强他们的自信，削弱他们的自卑感，让他们积极参与班级活动，从而提高学习效率。

三是上课的风气。课堂教学的效果往往与上课的方式有一定的关系。如果一个班级的学习情况和纪律情况都维持得较好，那么教师上课时也会觉得比较轻松，也更愿意在这样的班级上课。但是，一个班级的学习风气往往是由班集体以及教师共同决定的，其中班主任是主体，其他学科的教师应该积极配合，通过一些有效的形式或者活动，制定班级的规范和纪律，在班级中形成良好的课堂风气，再用这种风气对课堂活动进行规范。

四是教师的教学威信。教师的教学威信与课堂教学管理有密切的关系，如果一个教师的威信不高，则很难对课堂的秩序进行调控；如果一个教师的威信较高，那么他的一个眼神和一句话便能让课堂保持良好的秩序。所以，对于教师而言，要不断提高专业能力、素养以及良好的道德品行，这样才能在学生中树立起一定的威信，从而更好地管理课堂。

五是师生的情感关系。一般而言，师生关系良好和谐，有利于课堂教学活动的顺利进行，帮助教师更好地管理课堂教学。如果师生之间存在矛盾或者隔阂，则会严重阻碍课堂教学管理。

六是课堂教学的推进速度。学生在课堂教学中出现问题行为，与教学的推进速度过快或过慢有密切的关系。

七是教师的"过敏"行为。教师在行为上过敏——对学生的问题行为做出过敏反应，小题大做，会导致课堂教学难以进行。此外，教师的期望过敏也会导致课堂教学不易进行：教师对学生期望过高、过多，会使学生无法应对。

（2）随机型组织。随机型组织是指教师能够敏锐地发现教学活动中发生的各种情况，迅速而准确地做出判断，并妥善处置的组织形式。教学情况千变万化，教学对象千差万别，会出现一些意想不到的问题，这就需要教师机智灵活、随机应变，对课堂教学中的各种偶发事件能迅速而妥善地做出处理。

第一，处理课堂教学偶发事件的原则。课堂偶发事件是指在课堂偶然发生的、引起大多数同学注意的、对课堂教学的正常进行有较大或重大影响的事件。它与课堂问题行为的区别有几点，首先它引起了大多数学生的注意，对课堂教学的正常进行产生了较大程度的影响；其次它是偶然发生的，具有意外性，教师往往很难预料，难以事先做好具体的应变准备；最后它虽然常常是由学生引发的，往往表现为学生的问题行为，但并不完全都是由学生引发的，并不都表现为学生的问题行为。一些偶然发生的自然现象、教师自身的工作失误等，也可能成为影响课堂教学的偶发事件。教师在处理偶发事件时必须遵循以下原则：

一是满怀爱心，高度负责。偶发事件，特别是学生故意制造的偶发事件，往往会让教师感到自己的尊严受到挑战，因而容易采用居高临下的方式对待当事人，这是不可取的。对待偶发事件，教师不能听之任之，但在处理上要本着关心、爱护学生的原则，善于从偶发事件中把握学生的思想动向、内在动机，并抓住偶发事件这一契机来开展教学育人的工作。只有这样才能使学生愧悔羞惭、口服心服，才能达到迅速稳定课堂秩序、教育广大学生的目的。

二是沉着冷静，果断谨慎。沉着冷静不但可以使教师对事件的是非曲直以及事件背后隐藏的问题做出准确判断，找到处理事件的有效办法，而且它本身也是教师涵养的表现，具有极大的教育力量。一般而言，学生引发的偶发事件占偶发事件的绝大部分。处理由学生引发的偶发事件必须考虑偶发事件的性质。一般而言，对那些因品德不良引发的偶发事件，教师必须在思想上高度重视，进行严肃的批评教育；对那些因调皮引发的偶发事件，不必扩大事端；对于因自身工作的失误或外界干扰引起的偶发事件，要善于出奇制胜，超乎常规地加以解决。由学生引发的偶发事件的性质是由其引发偶发事件的动机决定的。要准确地判断偶发事件的性质，把握隐藏在偶发事件背后的动机，不沉着冷静是难以做到的。所以教师在遇到偶发事件时，要沉着冷静、果断谨慎。果断谨慎包括两个方面：首先，当偶发事件发生时，教师必须以最快的速度进行处理。因为教师迟疑不决会因偶发事件而导致课堂秩序混乱；其次，处理方式、方法要妥当，针对性要强，策略要巧妙，切忌仅依靠教师的身份压制学生。

三是机智灵活，掌握分寸。教育机智是教师在教育过程中表现出来的机智灵活的聪明才智，是教师处理偶发事件的一种重要的智力品质。其中包含着教师深刻的洞察力、灵活的应变力、敏捷的反应力和巧妙的组织引导力等多种智力因素。机智灵活地处理偶发事件，要求教师运用教育机智，在对偶发事件进行准确判断、严密分析的基础上，及时运用巧妙的策略对学生进行组织和引导，既能保持课堂秩序，又能使问题出人意料地得到有效解决。掌握分寸是指教师在对偶发事件进行处理时，情感的流露、措施的宽严、批评语言的措辞等，都要适度。

第二，处理课堂教学偶发事件的基本方式。从时间上看，处理课堂教学偶发事件的方式可分为"热处理"和"冷处理"两种。"热处理"方式是指教师在偶发事件发生时，马上给予处理。"冷处理"方式是指教师对偶发事件给予暂时冻结，仍按原计划进行教学活动，等到下课后再来处理这一事件。冷处理能使教师有比较充裕的时间考虑教育方案，冷静地处理偶发事件。但有时可能会由于处理不及时，或者在学生心理上形成悬念而影响学习，或者使学生对教师的"水平"产生看法，影响教师的威信。因此，对于一些不太复杂的偶发事件，能够马上解决和必须马上解决的事件，不应采用冷处理的方式，而要及时处理。另外，冷处理也要讲求时效，不能不予以处理，也不能拖得太久。特别是对于学生提出的属于教学内容范围之内的教师一时回答不了的问题，更不能拖延答复。

热处理、冷处理作为以时间为依据划分的偶发事件的两种处理方式，各有利弊。在实际教学中，一般而言，能够当时处理的，不要采用冷处理的方式，进行热处理难度较大的，也要采用适当的方式让学生尽快稳定下来。在这一方面，教师要把握好"时效"与"有效"的分寸。许多偶发事件，只要教师有足够的智慧，都能够马上巧妙地加以处理。

第三，预防课堂问题行为的有效方式。课堂问题行为是指那些干扰课堂秩序、给教学带来麻烦的行为。处理课堂问题行为是随机性组织的重要内容。预防课堂问题行为的有效方式包括：①教师要极为敏感，及时发现学生的问题行为，能够与起点不同的各种学生保持沟通，但不能过敏处理。②能在同一时间内做不同的事情，如一边处理学生的不良行为，一边促使其他学生保持课堂秩序，这要求教师具有良好的注意分配能力，能在讲课的同时全面准确地观察到课堂上所有学生的动态，掌握课堂上的各种情况。③不过分沉思，即避免在一个问题上花费太多时间，以免引起学生的厌倦。④记住学生的名字，熟悉每一个学生，这样可在管理中加强情感联系。⑤及时调整座位，使学生都有坐在前排中间座位的机会，都有获取与教师进行最佳交流位置的机会。⑥注意仪表和风度，衣冠整齐，言谈大方。⑦准备充分，对讲解教材有自信。⑧使学生保持最高的参与程度，处于最佳的竞技状态。

第四，处理已发生的课堂问题行为应注意的问题：①问题行为不被感染。

处理一个有不良行为的学生，要照顾其他学生的利益，不引起其他乃至全班学生的反感。②和谐人际关系得以维持，防止情感上的伤害。③对不良行为的处理要有一定的教育性，能产生增强教学效果的良好的滞后效应。对有课堂问题行为学生的处理应该是治疗性的，即既能处理学生的问题行为，又符合上述基本要求，同时还能避免产生不良后果。为此，教师应掌握以下两项处理技巧：

一是缓和情绪的技巧。消除学生焦虑，多做诊断性的学业测验，少用终结性评价。切勿小题大做，必要时可做策略性撤退。在学生感情难以自持时，应事先准备，善用言笑消除紧张。

二是积极疏导的技巧。①对有些行为可采取不予理会的态度，例如性质不太严重或没有危险性，出现问题的学生平时表现不错，没有必要惊动全班；②用视觉提示，不用言语提醒；③不断进行动机强化，在课堂出现沉闷气氛、学生失去兴趣时，教师要有新的动机激发手段；④要善于感化，使学生事后能自我完善，不要惯用权威性的说服手段；⑤要防止学生产生消极或否定的纪律体验。如果遵守纪律受嘲讽，违反纪律受到表扬，这样违反纪律的不良行为就会得到强化。

3. 教学组织管理的要求

教师在进行课堂教学时，应遵循学生心理成长的特点，依照课堂教学任务，创造和谐的课堂氛围，使学生形成良好的习惯，具体要求如下：

（1）明确目的与教书育人。教学组织的一项重要任务是育人。教师进行教学组织管理时，应充分发挥教学组织技巧的特殊作用，从而使学生在学习过程中对学习目标的认识更加清晰，热衷学习科学知识，养成优秀的行为习惯。在不同学科的教学组织过程中，包含很多德育教育，教师在教授科学知识的同时，要兼顾学习目的等的思想品德教育，这种方式的吸引力和说服力俱佳。此外，教师在教学过程中展现的认真的学术态度、高超的教学艺术、高度的教学责任感，都起到了以身作则的作用，在耳濡目染中可以影响学生，使学生逐步形成正确的学习态度和纪律行为。

（2）要求合理与发扬民主。学生对教师历来是尊敬和信服的，因此，教师在学生面前总是有一定的威望。但是，如果教师的威望没有被合理运用，必然会消失殆尽，教学组织任务也会面临各种困难。因此，开展教学组织管理工作时，教师必须维护自身威望并要合理运用。基于自身的威望，教师可以向学生提出恰当的教学要求，并制定相关的制度。所谓恰当，是指对待学生不能过于严苛，导致他们应接不暇，但是，管理也不能太松散，这样又不能实现管理目的。提出恰当的要求，制定相关制度，满足这些要求的全过程离不开学生的协同合作。在这个过程中，我们必须注重民主，引导学生积极参与，使他们逐步养成自我管理的习惯。实施教学组织过程中，学生的主观能动性发挥非常关键的作用。教师适时引导，在民主的氛围中，师生共同沟通讨论、思考办法，得出满足要求的计划，制定规章制度并不断进行完善，引导学生自主分工，管理事务，确保制度的实施和执行。在一个学期里，教师就根据这些规定，指导学生逐步形成按规定办事的习惯和作风。学生如果形成良好的课堂行为习惯，教师组织教学的过程便会更加顺利。

（3）了解学生与尊重学生。学生们的兴趣爱好和性格特点多种多样，各不相同。进行教学组织管理时，教师需要充分了解每个学生的特点，并以此对学生提出个性化要求，同时，教育和管理学生应采取恰当的方式。例如，有的学生自制能力弱，需要教师对其加强引导和监督，指导学生从点滴小事一步步成长，最终形成自制能力；有的学生身体素质差或心理承受能力较差，教师需要给予他们特别的关注，多鼓励学生。教师在管理学生时，要尊重学生的人格，始终采取正面教育的方式，提倡多表扬和多鼓励，激发积极乐观因素，消除消极悲观因素。所以，管理经验丰富的教师在课堂上看到有的学生注意力分散时，会采取各种不同的方法对学生进行暗示以及启发。面对个别较为顽固的学生，教师从不会当着全班同学的面责备，而是在课堂上对学生进行冷处理，保留空间，下课以后再处理问题。教师只有平等地对待学生，多与学生沟通，与学生像好朋友一样畅谈，处理问题从学生立场考虑，这样才能充分了解学生，认识他们的内心状态和真实想法。

传统的观点，课堂管理是出于应对性的要求，通常是遇到学生扰乱课堂秩序时教师的应对方法。遇到学生行为超出教师的预期时，教师需要采取一些措施进行矫正。但是学生做出违规行为的深层原因，容易发生这类行为的情况以及发生过程，教师无法提前知晓。现代课堂管理相关理论研究指出，学生的所有行为包括违规行为，都是在他们内在需要的驱动下产生，为实现这种需要进行试验得到的结果，如果一个学生出现不良行为，其原因主要是课堂情境不能满足他们的需求，如归属感、认同感和爱。例如，学生出现疲劳状态，他们会希望变换坐姿缓解疲劳；教师布置的课堂活动，学生不感兴趣甚至厌倦，会导致注意力不能集中；有些学生会故意大声说话甚至发出怪异声音，他们其实是为了得到老师和其他同学的关注。以前的课堂，教师的认知范围注重"物"忽视"人"，注重客观现状而忽视学生的内心世界；学生的角色被简单认为是接受管理和被传授的对象，从不关注学生的内心需求。

（4）重视集体与形成风气。集体舆论是公正而且具有威慑力的，课堂风气风清气正，学生便可以受到集体的影响和教育。集体与个体两者的精神世界互相作用。个人可以从集体中汲取精华，获得集体的关爱和关心，在集体的促进下不断提升。每个人的内心世界都是五彩斑斓的，不同个体彰显出集体的生气勃勃和无限的生命力量。在教学组织管理时，教师需要重视集体，形成团体和谐的风气。

（5）灵活应变与因势利导。教育机智包含随机应变和因地制宜，教师的教育机智具体是对学生活动高度敏感，当学生遇到突发情况时要迅速反应，快速启动适当的程序。它主要体现教师的随机反应能力，解决问题可以因地制宜，对课堂的不利行为进行引导，使其向学生或者集体有利的方向发展，适当解决个体问题；或者基于现实状况，采取灵活的方式，运用不同的教育方式和技巧，有目的性地教育学生。

（6）从容不迫与沉着冷静。不焦虑、不急躁是教师应具备的一种心理素质，这种心理素质的形成是建立在对学生的关爱、尊重、理解以及高度的责任心上。具备了这种心理素质，教师可以公平地看待每个学生，尊重和保护他们的自尊，在指导他们学习时富有耐心；在遇到突发情况时教师可以从容不迫，不会受到情感的影响而做出冲动的行为。在教学组织管理中，教师应时刻保持对社会和学生的高度责任感，注重自己的行为以及产生的影响，始终坚持教育的根本利益和宗旨，并解决好遇到的问题。

二、高等教育中教师的专业化

20 世纪 80 年代，国际上对于教师专业标准的研究开始成为教师改革和教师发展的一个必不可少的部分，并且提出教师的专业崇高性。而教师要从一种"职业"变为一种"专业"，建立科学的教师专业标准是其基本标志。教师属于专业人员，那就必须符合专业人员的标准，即专业人员必须运用专门的知识与技能，经过长期的专门训练，具有重服务、轻报酬的观念，必须享有相当的独立自主权，有自己的专业团体与明确的职业道德，必须不断地在职进修。特别是高校教师的工作更有其特殊性，表现在性质上，具有专业性；在对象上，具有能动性和高层次性；在过程上，有复杂性、创造性；在形式上，个体性与集体性兼有；在态度上，有个人自觉与职业良心；在方法上，具有时空延续性和不确定性；在成果上，具有模糊性、滞后性和长效性。教师是履行教育教学职责的专业人员，承担教书育人，培养事业建设者和接班人，提高人民素质的使命。

在国际上，主要有三种关于教师与标准之间的关系模式：第一，教师专业标准与教师资格无直接关系，代表国家——美国，有教师资格并不代表达到了教师标准；第二，教师专业标准与教师资格挂钩，代表国家——英国，教师资格是教师专业标准的最低要求；第三，则较为复杂，对于教师专业标准进行了分类和分级，代表国家——澳大利亚，分层次对教师专业提出了较为具体的区别，我国香港特别行政区也采用此标准。无论哪一种关系模式都透露出对于教师专业要求的高标准、严标准的特点，既突出了教师专业发展的重要，也表现出了教师工作的复杂性和特殊性。但目前都还缺少专门针对高校教师的专业标准文本。

（一）教师专业标准与发展

1. 教师专业标准

教师专业标准，一般是国家的教育机构依据教育目的和教师培养目标等制定的关于教师培养、教师规范和教师聘用等方面的指导性文件，是对于教师专业地位的一种确定，同时也是对于是否符合教师这一职业称呼的具体要求。

基于不同层面的使用，对"教师专业标准"的意义理解有别：一是采用"教师——专业标准"的构词方式，理解为教师的专业标准，认为教师专业标准的作用是衡量教师是否达到专业化要求，强调专业发展静态的结果；二是采用"教师专业——标准"的构词方式，理解为教师专业的标准，认为教师专业标准是教师专业成长应该达到的目标，注重专业发展的动态发展过程；三是含以上两种理解，既包含判断和评价功能，又涵盖发展和完善功能。换言之，《教师专业标准》既具有"评价"标准之性质，也具有"导向"标准之特征。作为"评价"标准，它是"教师开展教育教学活动的基本规范"，是"教师培养、准入、培训、考核等工作的重要依据"，因此是评价教师和教师教育质量的依据，是进行教师教育管理的抓手。作为"导向"标准，它是"引领教师专业发展的基本准则"，因此是引领教师教育专业化的基础。

《教师专业标准》的文本框架一般包括三部分：基本理念、基本内容和实施建议。基本理念，即教师作为专业人员在专业实践和专业发展中应当秉持的价值导向；基本内容，由维度、领域和基本要求组成；实施建议，是对教育行政部门、教师教育机构和学校及教师提出的相关要求。其中，"教师专业标准基本理念"对教育发展和教师专业化发展具有定向作用。

目前我们可以照搬"师德为先、学生为本、能力为重、终身学习"这四个基本理念，将其直接用于高校教师的身上，使之成为高校教师作为专业人员在专业实践和专业发展中应当秉持的价值导向。这四个教师基本理念，科学合理，凝练准确、有先进性，并且简明扼要、贴切实用、易于传播与接受。其中，"师德为先""学生为本""能力为重"的理念既体现了中国教师群体长期坚持的基本追求，也体现了现代教育发展对教师素质的新要求，是传统与变革的有机结合。而"终身学习"的理念更多地包含了信息社会背景下对教师专业发展所提出的新要求。高校教师树立这四大基本理念，对高等教育发展具有积极良好的导向和评价作用。因为有怎样的教师理念就会有怎样的教师实践，教师理念虽然不同于教师实践，但高校教师工作实践却反映了他的教师基本理念。高校教师应当用这四个基本理念规范自己的教育思想和日常的教育教学行为。

当然，现代高校教师"师德为先、学生为本、能力为重、终身学习"的四条基本理念，也可以落脚在大教育家孔子所提出的"学而不厌，诲人不倦"八个字中。勤奋好学，永无停止，历来就是中国知识分子的传统美德。作为高校教师没有学问，以其昏昏，使人昭昭，这不仅不可能，而且其做法本身就是不道德的。《论语》开宗明义讲"学而时习之，不亦说乎？"孔子一生"食无求饱，居无求安，敏于事而慎于言，就有道而正焉，可谓好学也已"。他说，"三人行必有我师焉"，"敏而好学，不耻下问"，"十室之邑，必有忠信如丘者焉，不如丘之好学也"。向一切比他高明的人学习，其学习热情达到了"发愤忘食，乐以忘忧，不知老之将至云尔"的地步，即使在弥留之际，孔子还坚持读书。王充在《论衡·别通》篇中说："孔子病，商瞿卜期日中。"孔子曰："取书来，比至日中何事乎？"孔子病危，商瞿卜后知道过不了中午。孔子说："拿书来，从现在到中午还有什么事呢？"还要看书学习。这印证了孔子的另一句话："朝闻道，夕死可矣。"王充对此评论道："圣人之好学也，且死不休，念在经书，不以临死之故，弃忘道艺，其为百世之圣，师法祖修，盖不虚矣。"也正是因为孔子好学乐学，奠定了他终身为师的条件。当然，在现实中我们经常看到，有些教师自身很有学问，但却对当老师不感兴趣，对作为教师的教学工作敷衍塞责，能做到学而不厌，却很难达到诲人不倦。

热爱学生既是教师必须具备的条件，也是教师做好教育工作的前提。所以，古代教育家都把热爱学生看成教师的基本美德。孔子就很懂得爱护学生，他主张"有教无类"，无论贫富、贵贱，即使"难与言"的"互乡"之人，他也能用一颗爱心善待他们，不厌其烦地给他们以热诚的教育，真正做到了"诲人不倦"。在日常生活中，孔子十分关心他的弟子，学生有病去探望，弟子有困难设法帮助，他的伟大人格力量和对弟子的真诚呵护，使他赢得了弟子们的尊敬和爱戴。

2. 教师专业发展

大学教师是一种特殊的职业，迄今为止，还没有一种专门的大学教师培养机构。尽管师范教育担负了培养教师的责任，但无论中等师范教育还是高等师范教育，都是以中小学教师为培养对象的，并不涉及大学教师培养。或者说，尽管大学自身可以培养社会各行各业所需要的各级各类人才，却唯独不培养大学教师。尽管大学教师通常也是从大学毕业生中选聘的，但从入职到成为合格直至优秀的大学教师，一般都需要一个较长的在职提升过程。对于高校而言，大学教师发展旨在促进新任教师较快地融入学校，也为老教师的继续发展提供休整机会。

从 20 世纪 80 年代末到 90 年代初，我国高校教师队伍开始出现新老交替，许多有丰富教学经验的老教师相继退出教学第一线，接班的都是一大批刚刚毕业留校任教的青年教师。高校师资队伍青黄不接，青年教师在还没有充分的教学经验情况下直接上岗，这在一定程度上影响了高等教育的质量。21 世纪以来，伴随高等教育的跨越式发展，高校教师队伍面貌发生了历史性变化，大批青年教师成为高校教学科研的主力军。

新补充到高校的这些青年教师，他们大多具有较高的学历，充满活力。但不少青年教师课堂教学经验不足，加之高校连年扩招，师资队伍数量严重缺乏。由于教学任务很重，课时较多，青年教师到校后来不及学习，就要迅速走上讲台。加之目前高校对教师的评价体系均偏重科研能力，青年教师都把主要精力放到科研上，大部分青年教师在入职之初就开始忙着申请项目，发表论文，然而人的精力毕竟是有限的，在这种发展情况和体制下，最先被舍弃的就是教学。部分青年教师也承认自己对于"授课"付出的精力相对较少。

此外，不少高校对于青年教师的培养是很重视的，采取了岗前培训、出国进修、基本功大赛、全员听课、教学团队建设等措施，取得了一定效果。但与青年教师数量迅速增加以及新时期高校教育教学工作对高校青年教师的要求相比，尚有较大差距。同时，青年教师本人生活压力很大，容易分不清主次。如果青年教师许久还站不稳讲台，不能给学生传授好课程，就失去了当老师的意义。其实，很多刚入职的高校青年教师虽是博士毕业，但由于一直接受的都是专业课程学习，科研的思维一直占优势，缺少师范类课程的训练。虽然对于专业知识了解透彻，但一上讲台就发蒙。他们也希望自己能够很快度过教学关，把课上好，成为新一代优秀的高校教师。为此必须采取一些有效措施促进青年教师首先站稳讲台。

第一，给予青年教师更多教学上的关心和指导。一般而言，新入职教师经验少，教学胆怯，这就需要老教师和领导给予他们更多的关心和帮助。除了鼓励青年教师参加进修和培训，通过互相听课、评课等形式，共同探讨和研究教学中遇到的问题，寻找解决问题的方法；特别是要从备课抓起，指导青年教师做好教学设计，写好课程实施大纲，选择好教学内容和方法。同时，青年教师在现代化教学媒体和手段的应用方面有优势，可以帮助青年教师将现代化教育教学思想与信息技术结合，调动青年教师研究教育教学的积极性。从长远着想，还要通过指导青年教师阅读《高等教育学》《心理学》等书籍，提高他们的教学理论水平和对教学的反思总结能力，不断改进与完善课堂教学方式。同时，老教师也要处处为青年教师做好表率，积极宣传青年教师的教育教学成绩，关心青年教师的生活，加强交流与切磋，不求全责备，及时消解青年教师可能出现的对教学厌倦和抵触的情绪，通过认真、耐心和热情的指导、督促和检查，严格要求，避免走弯路。可见，促进青年教师专业成长，不只是单纯强调教学技能，还要关注教师职业能力的提升，使青年教师获得职业安全稳定与成功。

第二，全面开展"青年教师授课竞赛"活动。青年教师授课竞赛在激励青年教师不断提高教学水平的同时，也让青年教师们更加热爱教育事业。授课竞赛的过程使自己对教学的每个环节都有了更多思考，竞赛的结果使自己对教学更有自信、更有兴趣，对以后的教学工作也是一种鞭策和激励。在竞赛的鞭策、激励和督导下，青年教师会迅速发展和成长，尤其是能促使一部分青年教师很快脱颖而出。事实证明，很多曾经参加过青年教师授课竞赛并获得奖励的青年教师很快就成长为大学教学科研的骨干力量。为此，各高校普遍举行"青年教师授课竞赛"活动，如今该活动已成为衡量青年教师教学水平的重要标准赛事，参赛对象的职称已不再限于讲师及以下职称，参赛者的参赛目标也不仅仅在于职称的晋升，而在于使自身的教学水平得到广泛认可和展示。

第三，建立和完善青年教师助教制度。中国高校有实施青年教师助教制度的悠久传统。虽然高校青年教师在入职后都要参加一系列的岗前培训，但培训往往流于形式，即使有一定的收获和提高，但并不持续，新教师本人对高校的认识，对教学的理解很有限，教学能力持久全面提高的机制不完善，因此，推进老中青相结合的教学工作，发扬传、帮、带的作用，以加强青年教师的培养。此外，一些高校恢复了青年教师助教制度，由学校指定教学经验丰富的老教师担任其指导老师，形成"师徒制"，强化青年教师的培养与培训，使青年教师学习先进的教学方法，积累教学经验，增强他们教书育人的责任感和使命感，提高教学能力。许多高校还组建了教学团队，实施了新、老教师结伴成长计划，老教师要帮助青年教师尽快站稳讲台，这都是当前提高高校教学质量的有效举措，需要继续坚持下去并不断更新和完善。

（二）教师专业化及其发展

"教师专业化是指教师在整个职业生涯中，通过专门训练和终身学习，逐步习得教育专业的知识与技能，并在教育专业实践中不断提高自身的从教素质，从而成为一名合格的专业教育工作者的过程。"[1]教师专业化的含义包括：①教师的专业性中包含了学历和能力，教师必须达到国家要求的学历才能任职，同时也要具备相应的职业道德、教育能力和知识；②国家设有专门的教育措施、机构和内容服务于教师教育；③国家制定了相关的制度来管理和认证教师和教育机构的资格；④教师专业需要实现可持续发展，教师专业化也是如此，这个过程是需要进一步深化的，从本质上来看，教师专业化就是不断成长和进步的。

教师专业化在当前有了进一步的发展，人们也由此转变了研究视角，从原本的群体专业化逐渐向着个体教师专业化转变，重点突出"教师专业发展"的意义。但"教师专业化"与"教师专业发展"都代表着教师专业性不断提高的过程，两者在概念上是基本一致的。

1. 教师专业化意义

在当前这个知识经济大爆炸的社会，教师的发展随着不断改革的教育有了更重大的意义。知识经济的基础是知识，静态的知识已经不能满足人类当前的经济生活，所以要及时创新知识。人类与生俱来就带着创造性，从当下的教育发展中可以看出，教师早就成为教育的实践者、研究者、思想者和创

---

① 李燕. 新时期高校教师能力培养与专业化发展探究 [M]. 成都：四川大学出版社，2018.

新者，而不再只作为教育的执行者。从专业发展的角度看，时代已经开始重视教师的专业化发展，关注教师的精神、主体地位以及意识，这也会极大地影响现代教育。时代的不断发展与进步要求教师必须得到发展。

（1）提高教育质量的关键。振兴国家和民族的希望在于教育，振兴教育的希望在于教师，这已成为人们的共识。如果不去关注教师的专业化发展，那么教育就无法实现改革和发展，这不仅是教师本身对教育活动所发挥的重要作用，还是人们从各种教育实践中总结出来的经验。例如美国在 20 世纪 80 年代初出现了首次教育改革浪潮，此次改革的重点是让基础教育拥有更高的质量，突破口选定为课程，但教师的专业发展和参与程度却没有得到此次改革的重视，所以这次教育改革并没有取得成功。因此，美国在这次失败的改革之后转移了重心，开始重点关注教师的专业化发展，用教师的发展来带动基础教育的进步。于是在 20 世纪 80 年代，美国的教育改革浪潮又接连进行了两次，而教育改革都将重点放在了对教师的教育上。这也对其他国家产生了极大的震动与影响。现在有很多国家都有一个共识，要想提高教育质量，就必须进行教师发展教育，两者是相互结合，不可分割的。

（2）教育改革的原动力。所有教育改革方案的最终落脚点都是一个个教育活动。教师是作为支配者出现在教育活动中的，改革是否成功会受到教师素质这个因素的影响。教师在实施改革方案的过程中，其具备的创新精神、思想观念、能力素质和自身的态度以及对改革的理解程度不仅会让教师有选择性，还会让教师有主观能动性，这表明教师的能力素质和教育改革有一定的联系。当教育改革是自上而下进行时，其动力基本是政府出台的政策，其中并不涉及教师的专业发展和能力素质，所以在实践中得不到教师的支持，导致改革无法进行。而教师的专业发展才应该是教育改革的动力来源，这才是充满生命力的，持续不断的专业发展会让教师充满变革意识，同时提高相应的创新能力，而且会为了改革充满奉献的精神。

我国当下所进行的基础教育新课程改革正处于实质性阶段，但目前仍有很多教师没有适应这次改革。造成这种现象的原因有很多，但最关键的一个原因就是教师对于课程改革所发挥的作用没有得到人们的重视。有些地区并没有按照新课程改革的要求进行，忽视了教师的参与度，只注重新课程的推行，并没有及时为教师开展相应的新课程培训，或者只是做做表面功夫。这让新课程的推行只能原地踏步。因此，要马上从误区中走出来，意识到教育改革的动力源于教师的发展，并且应及时、全面地对教师的新课程教学、理念进行培训，以此来实现新课程的改革。

（3）教师自身幸福的源泉。教师这份职业是很有幸福感的，这份幸福感是教师能够从教育工作中体验到，然后在不断地努力奋斗之后达到自己的职业目标，通过自身的不断发展让自我产生愉悦感和满足感。教师的幸福既和自身的生活质量息息相关，还关系到教师能否提升教育质量、能否从教书匠逐渐迈向教育家、能否顺利推进教育改革等。有不少方面都能展现出教师的幸福感，例如学生的成才与成长，教师对学生的无限关怀，教师无怨无悔地将自己投身于教育事业中，还有工作带给教师的满足感和成就感，以及教师的专业发展。教师能力的不断提升也是其幸福感的来源。教师在追求、向往和理解幸福感的过程中，都可以让主体能力得到发展。因此，教师幸福与教师发展紧密相连。

（4）学生发展的前提。从发展上来看，教师和学生是不可分割的。若从教师层面讲，学生发展可以有效地促进教师发展，因为学生发展为教师带来了不少发展机会。而教师要好好把握住这些机会，实现教与学的共同进步。若从学生层面讲，学生的发展依赖于教师的发展。教师的悉心培养和耐心教导帮助学生实现了发展，学生的发展是不能脱离教师的发展的，否则就失去了发展的土壤。

2. 教师专业化内容

要将教师职业发展成专业，就要做到以下方面。

（1）运用专门的知识与技能：指的是专业人员所依靠的这套专门的知识和技能体系是完整的，也被称为专业知能。

（2）强调服务的理念和职业伦理：指的是专业道德包含了服务和奉献。这是一个大家都会遵守的伦理标准，专业道德是指对自我行为进行约束，保证自己可以承担责任、具备职业操守、满足社会需求。

（3）经过长期的培养与训练：只有经过长期的专业训练，不断养成，才能成为一个成熟的专业。

（4）不断地学习进修：专业的职业生涯往往要持续几十年，而社会的不断发展常常会给专业带来全新的挑战，只有经常学习进修，才能保证专业知能紧跟时代的浪潮，才能与社会发展接轨。

（5）享有有效的专业自治：当一个专业有了一定的社会地位，其专长与社会需求重叠时，说明它已经构建出了极其复杂且专业化的科学知识体系，外行是无法承担与专业人员相同的工作的，这时就形成了专业自治，这些专业人员所处的行业培训标准可以由他们来制定，并且在一定程度上影响国家对这一职业的法律与规范。

（6）形成强大的专业团体：一种工作若是已经有了强大的专业团体，就说明它已经很专业了。例如，一些协会、学会等由专业成员发起的需要一定入会资格的民间组织，这些专业团体的构成都是专业人员，他们会进行自我管理，并且认可个人成就。一方面可以确立专业地位，实现个人利益的维护；另一方面可以制定相关的规定与章程，保障人员的权利与义务，让个人和团体不断提高责任感，共同维护大家的利益。

3. 教师专业化的发展

（1）教师专业化发展的历程。教师专业化从教师成为专门职业的那一刻起已经有了 300 多年的历史。教师职业也在这段历史中实现了从无到有，并且渐渐地从"半专业"或"准专业"过渡到专业化。

第一，教师专业化的无意识期。早在古代社会，劳动分工就有了脑力和体力；文字的出现让教育慢慢脱离于体力劳动，同时也出现了学校这个教育机构。教师这个职业就是因为学校的出现而诞生的。之前落后的社会生产力和不发达的经济水平导致教育得不到发展，因此教师职业并不能作为主业，而是作为副业存在的。到了文艺复兴时期，欧洲开始流行举办各种群众性学校，如职业学校、初等中学以及国民小学等，欧洲的双轨学校制度就是由它们和学术性学校（演变自古典文科中学和中世纪大学）一同组成的。在这个大环境下，教育发展已经不能只依靠兼职教师了，由此便诞生了专职教师。

第二，教师专业化的准备期。在出现专职教师之后，就要将针对教师的职业培训提上日程。于是不少国家为了培养出符合需求的教师，都成立了专门的师范学校。第一所师资培训学校诞生于 1681 年，其创办地在法国。教师养成所则是德国法兰克 1695 年在哈雷创立的。到了 18 世纪中下叶，有部分资本主义国家开始推行初等义务教育，教育科学化运动不仅得到了教育实践界的支持，也得到了教育理论界的支持，开始构建出现代教学体系，教育理论也实现了发展，这同时推动了师范教育理论的进步。教师在这个大环境下逐渐脱离其他行业，自成一派，也有了自己的特征。同时，师范学校开始陆续出现在欧美国家。师资培训体系开始逐渐正规化、系统化，这意味着实现了教师专业化，并且在学校教育中有了教学这门科学。

19 世纪末，义务教育的年限被不少国家延长，教育阶段从初等延伸到了初中，这不仅意味着需要更多的教师，还对教师的专业素质和学历都提出了更高要求。因此，原本由师范学校培养师资的单一培养模式已经不适用，师资的培养要由师范学院和综合大学一起完成。以往的师范学校制度也无法再跟上时代的脚步。

20 世纪之后，不少国家的师范学校教育都从中等教育水平逐渐过渡到了高等教育，也由以往的师范学院的单一培养模式逐渐转变为综合大学的本科教育，然后再加上大学毕业之后的教师教育课程培训，教师的教育体系也慢慢演变为教育学士、硕士和博士。

在教师专业化的历史中，一个里程碑式的发展就是中等师范教育逐渐过渡到了高等师范教育，这标志着很多发达国家的教师教育都从低层次迈向了高层次。

20 世纪 70 年代之后，不少国家都认为教师职业应是一门特别的专业，教师身份和类型也应该随之转变，由之前的实践者和技工型转变为职业者和职业型。不过总的来讲，仍需在教师的专业化程度上做出努力，教师这个专业与律师和医生等专业相比，还处于"半专业"的状态，或是"正在形成中的专业"，当前教师职业的状态是"正向着专业化迈进"。

第三，教师专业化的发展期。教师的需求量在 20 世纪 60 年代中期之后有了下降，这是因为人口出生率降低了。此外，公众开始质疑教育质量，由此也批评起教师教育。因此，这时的重点就由教师的"量"转变为对教师"质"的提升，也由此开始重点关注教师素质，全世界都在为教师专业化开始努力。

"教师地位之政府间特别会议"是国际劳工组织和联合国教科文组织于1966 年在法国巴黎联合召开的,《关于教师地位的建议》就是在这次会议上通过的,教师的工作性质在这里第一次得到了官方的界定,同时也明确提出了教师职业的专业化。从宏观来看,教师专业化不仅意味着教师职业要形成自己的培养体制,还要具备自身的职业条件,并且有配套的管理措施,其中主要包括职业道德、国家要求的学历标准以及相应的教育知识和能力等。从微观来看,用固定的模式将技能、知识和道德灌输给学生这种传统的教育教学方式只是教师教育工作的一部分,教师还要了解不同学生的特点,选择最适合学生的教育教学方式,让学生得到真正的发展,从而实现既定的教育目标。

20 世纪 80 年代以来,教师专业化已经成为一种强劲的思潮,具有不可逆转的发展趋势,表现出强大的生命力,影响着世界各国教师教育的发展。进入 21 世纪,世界各国都把教师专业化看作教师培训的出发点和归宿,是教师教育改革的核心。

(2)教师专业化发展的阶段。教师专业发展阶段的研究,始于福勒(F.Fuller)所进行的教师职前"关注探究",强调教师的成熟发展必须经过以下几个阶段:

第一,任教前关注阶段。教师的主体是在校的师范生,他们在这一时期仍然认为自己的身份是学生。他们在实践教学经验较少的情况下只关注自己,甚至对为他们上课的教师抱有敌意。在这一阶段,他们仅仅想象自己作为教师的角色。

第二,早期关注生存阶段。这个阶段师范生首次接触教学实践,自己的生存问题是他们主要关注的。因此,他们会对自己控制课堂的情况和他人的评价比较关注,压力非常大。

第三,关注教学情景阶段。教学情景中的限制和诸多问题,开始成为教师关注的问题,会考虑学校是否将他们教学的相应条件和资源提供给自己。但自己的教学表现仍然是他们关注的中心。

第四,关注学生发展阶段。在关注学生发展阶段,他们已经有了灵活应对的能力,开始关注学生的需求与发展。经过了前三个阶段,他们已经对自己的工作任务和教学情景十分适应。所以他们有余力关注学生的学习成果和心理。但许多教师可能从来没有进入过第四阶段。

（3）教师专业化发展的改革。各个国家为了实现专业化和一体化的教师教育，都不约而同地采取了各种教育行政措施。要想让教师的职前培养与职后进修充分结合，就要用大学化教师教育的方式来提升教师的整体素质。

第一，改革教师职前培养。

一是教师教育课程设置合理化。要提高教育专业类课程所占的比例，并在教师教育中强化教育专业课程所发挥的作用，增加教育实践的机会和时间，着重训练教师教育的相关技能，特别是一些需要依靠现代教育技术才能实现的技能。不少国家在当下都将最新的科技和文化成果加入教师教育课程中，不断提升普通基础课的地位。教师职前培养的专业化就是从这些课程设置中展现出来的。

二是教师教育开放化。教师职前培养模式已经由开放式代替了封闭式，非定向型代替了定向型，而且出现了三个演进阶段，即经验模仿——元封闭—多元开放，教师教育专业化也从"两级分离"慢慢过渡到了"三环合一"，会在职前进行培养、入职后进行教育和提高。封闭型的高等师范教育体制也被美国、法国、德国、英国、日本、新加坡等国进行了改革，师资培养中包含了师范院校、综合性大学、教育学院、非师范类院校，既让教师教育体制变得更加开放和多元化，也让教师培养越来越专业化。在开放式的教师教育代替了原有的封闭式之后，师资培养不再只由师范院校进行，而是在其中加入了综合性大学。

第二，改革教师进修制度。

一是广开进修渠道。日本的教师进修工作既有各级高等院校参与，还有民间教育社团，这些社团全国性的和地方性的都有。而英国的教师在职进修工作几乎囊括了全部的教育研究所和高等教育机构。

二是进修目标多元化。英国一般有五种教师进修课程：①补习课程，主要针对那些学历不达标的教师；②高级研修文凭课程，主要针对那些教龄在3~5年的合格教师；③教育学士学位课程，主要针对那些毕业于师范院校的中小学教师；④教育硕士学位课程，主要针对中小学教师；⑤短期课程，主要针对那些遇到教育教学实际问题的教师。

三是进修方式多元化。首先要有充满弹性的进修计划，进修可分为两种，即正规和非正规，进修教师要从自身实际出发选择适合自己的进修方式。其次是不严格要求进修时间，在职进修、半脱产进修、脱产进修都可以，进修教师要依据自身情况进行选择。最后是提供丰富的进修方式，如面授、实验研究、小组研讨活动、函授、个人专题研究、教学方法示范交流、调查访问、考察观摩等。

四是教师教育大学化。20世纪90年代之后一些国家开始追求教师教育大学化，这不只是一个口号，更是教师教育专业化发展提出的条件，其根本就是要让教师教育成为大学教育学院中的一门专业。如果大学没有教育学院，那么在教师教育大学化的要求下就要建立教育学院；如果大学已经建立了教育学院，那么就要转变以往的制度功能，即保证教师教育制度实现多层次结构，有更多的项目。在高等教育中明确教师教育所处的地位，为教师学位赋予新的理念；既要让教育理论家与教师教育者、教育学院与文理学院之间的矛盾得到解决，也要让教师教育大学化与教师教育研究、教师证书与执照之间关系得到正确处理。只有在高等教育中给予教师教育相应的学科地位，才能实现教师教育的大学化，才能建立出与教师教育相符合的学术制度。

（4）教师专业化发展的影响因素。对教师专业成长的众多影响因素的正确认识和对其专业发展基本策略的积极探究和促进，能够很好地推动教师的专业成长。教师专业成长这项工程是系统而复杂的，这项结果由内外因共同作用。学校、家庭和社会这样的客观因素和教师的主观因素都会影响他们的专业成长，而主观因素是关键性因素。只有将内外部各个因素的关系良好处理，才能推动教师的良性成长。

第一，自身影响因素。教师本身决定着他们的专业成长。所以教师自身专业成长的内在因素是教师本人的结构特征。此外，对教师专业发展影响的因素还包括个体因素，这是最根本、直接且主要的因素。在一定程度上，教师自身决定着他们的专业成长，也是对他们专业发展的关键影响因素。

一是教师的教育信念。教育信念源于教师理解教育工作本质等情况，教育信念会对教育行为加以指导，是一种精神追求和思想观念。在教师的专业结构中，教育信念起统筹作用。从本质上来看，教育训练主要在学生观、教师观和教学效能感上体现。教学效能感包括个人教学效能感和一般教育效能感，指的是教师主观判断自己对学生学习效果与活动的影响力，教学效能感的社会时代性十分鲜明，对教师职业特点和地位作用的总体看法的根本观点就是教师观。教师看待自己教育对象的方法是学生观。教师的人性观体现在学生观和教师观中。积极的人性观能够带来良好的学生观和教师观。教师的积极人性观是将学习引导者、促进者、合作者作为主要的教师角色，并充满期望地看待学生的个性、品德、特长和智能等方面的发展。

二是教师的知识结构。使教师职业与其他职业的经验和理论系统产生差别的是专业知识。教师专业发展存在于知识结构的深度广度和创造性的方面。教师专业发展状态和水平受知识拓展水平的影响。除了被明确规范、科学实证基础深厚的显性知识，教师个体的知识结构还存在隐性知识，包括个人的、在某些背景中使用或产生但没有明确表达的知识。除了个人的直觉、体验和洞察，隐性知识向显性知识的转化受个人分享和表达欲望的影响。要解决这一问题，可以使用集体探讨教育个案、开发校本课程、研究教师行动等方法和策略。

三是教师的能力素养。教师能力包括两方面：专业特殊能力和智力。教师专业特殊能力包括两个层次：一是教学组织能力、语言表达能力、环境适应能力和课堂注意力分配能力等直接联系于教师教学实践的特殊能力；二是有助于推动教师认识教学实践的教育科研能力。教师能否独立主动地思考，并在此基础上有机结合探索和尝试，在很大程度上标志着他们的教育能力发展水平。因为出现了这个状态，说明教师本人对教学工作能完全胜任和适应；职业情感的健康与否，直接体现在教师的抱负水平和专业发展需求上，如价值感和满足感等。

四是教师的从业动机与态度。如果个体从事某一职业活动的潜质受技能和知识影响，那么个人是否愿意在这类活动中发挥潜力则受个人从业动机的影响。动机是为追求特定目标实现而满足需求的意识。兴趣、需要、抱负和价值观念都是引起动机的内在条件；教师的工作兴趣能够给他们带来在教育活动中的积极意识。教育活动的整个过程都能激发教师的兴趣，兴趣的稳定会带来教师对职业的热爱。理想是最高度的价值观念概括，教育理想会对教师的动机体系产生直接影响；行动方向受教师价值观念和兴趣的影响，达成目标的程度受抱负水准的影响。抱负水准是一种心理需求，是主体想要将工作做到某种标准的体现。他们会在超出预期的工作结果产生时感受到成功感。过去的失败经验、社会期待与有影响力的人物、个人成就意识是制约抱负水准的三种固定因素。其中，最重要的是教师个人成就意识的作用。

五是教师的专业发展需要与意识。专业发展需求与意识，指的是教师对专业标准和从业者要求的了解、对自己专业发展方向和目标的清晰认识和规划、对自己从事职业的专门职业性质的认同和对自己专业结构主观愿望的主动更新。教师专业发展需要和意识体现在规划未来专业发展、认识当前专业发展状态水平和过去专业发展过程三个方面。在整个专业结构中，教师专业发展结构也有各自的定位，教师的自我定位是专业发展需要与意识、精神领袖是教师的教育信念、职业劳动管理和个人组织者是从业动机与态度、专业发展的保障与基础是专业知识、专业发展的核心内涵是教师能力素养。各大要素之间相辅相成，联系紧密，相互制约，且以动态变化的状态存在于教师专业发展的过程中，赋予教师专业结构以可变性和复杂性。

第二，外部影响因素。事物发展的依据是内因，条件是外因。换言之，教师自身因素决定着他们的专业成长，但也不能忽视外部环境的影响。因为教师会在特定的社会环境中进行专业的发展。因此，十分有必要分析外部环境的影响因素。学校因素、社会因素和家庭因素是外部环境因素的主要内容。

影响教师专业成长的社会环境因素包括社会认识对教育与教师的地位和价值的看法、社会经济文化发展水平、教育经济制度法规、学校教育和教师受到教育改革与发展的要求等。因此，在经济发展水平良好、政府重视教育、社会尊重教育、改革推动教育等的良好政策导向下，教师将会获得更好的专业发展环境空间。

教师教育工作的场所主要是学校，这也是教师专业成长的主要场所。教师的专业发展在很大程度上受到学校人际环境、工作氛围、制度建设、自然环境和文化环境等的影响。教师专业成长水平直接受到学校设定的工作氛围、对教师的要求、是否明确教师的基本职责、是否帮助教师规划目标等方面的影响。

此外，还有家庭因素，教师的专业成长也受到家庭经济实力、支持度和文化背景等因素的影响。

第二节　高等教育中学生个性发展

一、高等教育中"以人为本"的学生个性发展

构建社会主义和谐社会，关键在于以人为本。高等教育的使命是为社会培养和塑造合格的人才，所以高等教育必须首先坚持以人为本的原则，以人才培养为中心，重点培养创新型人才，满足时代和社会发展对人才的需求。

高等院校具有人文精神和浓厚的文化氛围，能够陶冶学生的情操，塑造学生的人格，这是高等教育一个非常重要的特点。要培养具备健全人格和良好修养的大学生，教师必须以身作则，起到示范作用，关心爱护学生，学校要营造良好的文化氛围并采取科学合理的管理方式。由此可见，贯彻落实以人为本的教育理念必须从教育管理入手。当前市场经济不断发展，大学的管理者面临着一个十分现实的问题，那就是如何在教育管理实践中贯彻落实以人为本的理念，培养富有个性和创新精神的大学生，满足社会和时代发展对人才的需求。

（一）"以人为本"对学生个性发展的重要性

"以人为本"是现代管理的核心，是基于人的本性，根据人的特点以及为了人的发展的管理。以人为本的管理能产生强大的凝聚力，催生生动活泼和奋发向上的精神。学校的管理以人为本的核心就是以人的发展为根本。高校在实行以人为本的管理时，理应重视大学生个性的培养，发展其创新能力，根据大学生身心发展的规律和特点，塑造其独特而富有创造性的个性品格，以便将来更好地投入社会实践活动。

当代大学生的年龄一般在 18～23 岁，处于青年中期，这一时期的大学生

心理发展正迅速走向成熟但又未完全成熟，因为所处环境不同，他们在社会认知、社会情感、意志品质等心理发展方面有别于同龄人。在进入大学之前，更多地追求学业成绩的优异，而少有生活上的具体指导，所以很多学生是生理成熟，但心理并不成熟。每个学生存在各自不同特点，体现出层次性和差异性，但我们的教育中却存在着漠视学生个性发展的问题。例如，重视集体教育，忽视自我意识的培养；强调个人对社会、集体的服从；突出思想教育，淡化个性心理品质培养等，在这种教育观的指导下，对学生评价标准模式化，对学生评语格式化，这样做的结果，不仅压抑了学生的个性发展，而且造成学生依附感强，缺乏主见，思想保守，缺乏创造精神。由此可见，"以人为本"能够引导学生学会正确认识自我，正确评价自我，正确控制自我，实现自我的健康发展。

（二）高等教育中"以人为本"与学生个性发展对策

第一，思想上要具备民主和平等的理念，尊重学生，让学生独立自主地发展。师生平等必须贯彻教育的全过程，教师与学生的地位应该是民主平等的，双方相互尊重。教育者应该认识到学生是具有独立人格的，要平等地看待所有的学生，与学生平等、自然地交往，让他们在和谐的交际氛围中学会自信、自尊、自立和自强。教育要打破传统观念的束缚，不要被各种标准和模式所限制，要为学生提供自由发展的空间。现在很多的高校实施了学分制，"大平台"招生培养也开始了试点工作，这为学生的个性化发展提供了更多机会，这恰恰是传统教学管理模式无法给予的，学生可以根据自身爱好、需要、特长等自主选择合适的教育，如选修自己喜欢的课程，更换专业，到其他学校去听课等，这让学生有了更大、更自由的选择空间，学生的个性得以充分发展。

第二，坚持以人为本的理念，对一些特殊的学生予以更多关注。在日常教学和管理工作中要激发学生的潜力。每个人都是潜力股，有很多优秀的潜能值得被发掘。现代人本主义心理学家马斯洛的自我实现理论认为，每个人都是有潜能的，要善于发掘潜能。而教育和学习是发掘人的潜能的最好方式。因此，在教育过程中，要注重学生的个性化发展，激发学生的优质潜能，让学生有自主选择的空间，真正做到以学生为中心。尤其是一些比较特殊的学生，如不合群的学生、太自我的学生等，教育者要关心和了解他们，具体情况具体分析，采取适合的教育方式。

第三，坚持以人为本的理念，使校园氛围更和谐。首先，学校的管理要科学合理，注重民主。为学生提供良好的学习条件，改善校园环境，使学生拥有更轻松愉悦的学习和生活环境，这有利于提高学生的学习效率，也能让学生在无形中受到环境的熏陶，提高自身修养。和谐稳定的人际关系有助于学生的心理健康，使学生在学习和生活中更积极，富有创造性和学习动力，同时人际关系的和谐也可以使学校有更强的凝聚力，促进学校建设和发展。当前教育面临着新的形势和发展机遇，校园文化氛围的建设非常重要，积极向上、充满活力、包容开放的文化氛围对塑造学生的人文精神大有益处，能让学生感受到人文关怀。其次，在学术方面要鼓励创新，允许学生自由创造。学校可以设立创新基金，举办多种科技活动，培养学生的创新思维和能力，让学生大胆发表学术观点，提出富有创意的想法。最后，形成良性的竞争氛围，引导学生勇于直面困难，主动参与竞争，提高抗压能力。学校可以鼓励学生多参加各种不同类型的竞赛，引导学生树立竞争意识，提高学生的竞争能力和抗压能力。贯彻以人为本的管理理念，最重要的是改善校园的育人环境。在对学生进行管理时，不能采用单一的模式，更不能强行施压，要让学生在自由宽松的环境中学习，不断求知和探索，免受外界不良因素干扰。

总之，高校教育要坚持以人为本，尊重学生主体地位，培养学生主体意识，这是学校一切教育教学工作和管理工作的出发点，要站在学生的角度思考和看问题，不能将学生当作被动者，而要将其视为主动者，以学生为主体，注重提高学生的主体性，将这一理念作为教育活动的指导原则。在此过程中，高校的管理者也要不断提升自我，提高个人修养和道德素质，以学生为中心，引导学生学会自我管理和教育，注重学生的个性化发展。当今世界，教育是衡量一个国家发展程度的重要指标，教育的使命是为社会提供个性化发展的创新型人才。而要促进学生个性发展，以人为本是关键所在。所以，高校教育教学工作有没有坚持以人为本，主要看学生的主体地位有没有得到尊重，是否促进了学生的个性发展。

二、高等教育中的自由与学生个性发展

现在，我国的改革开放正在平稳有效地推进，社会包容度更高，人们的思想也更开放。而一个开放和多元的社会，人们追求的必然是个性的解放和自由发展。随着知识经济时代的到来，社会对创新人才的需求越来越多，当代教育的一个重要方向就是促进学生的个性化发展，这首先要有自由的空间。高等院校开放自由的环境能有效促进学生的个性发展，而要构建这样一个环境，需要学校、教师和学生三方的共同努力。

（一）个体与个性的发展

个性是个体稳定的心理特征，即具有一定倾向性的心理特征，是在遗传、成熟和学习等因素的作用下，个体在需求、性格、能力、兴趣、价值观等方面表现出来的稳定的心理特征。个性是在生理基础上，在社会交往中，在社会实践活动中通过主客体的相互作用而形成的。学生个性发展表现为个体特殊技能和能力的形成，个体需要的激发和需要层次的提高，个体兴趣爱好的培养，个体能力的充分发展及价值观的形成。

个性的发展对个人和社会都是很重要的。第一，个性充分发展的人是具有自主性和能动性的人，他们有强烈的内在动力，追求自我实现，一切成熟和成才的人都是个性充分发展的人。第二，个性发展是社会进步的源泉，社会是个人的集合体，但不是个人的简单相加，而是集体共同进步的结果。个性有助于扩大集体经验的范围，进而促进人类进步。第三，由于我国计划经济的影响，人们对个性有错误认识，传统的教育侧重于培育人的服从性、统一性，因此应当鼓励学生个性的充分发展，并创造一个有利于学生个性充分发展的教育环境。

（二）自由与个性的发展

学校实施班级教学制大大提高了培养学生的效率，同时，建立了统一的教学模式和规章制度，但这也存在缺陷，就是教学模式固定单一，教育失去

了自由的空间，所有学生都是按照统一模式培养出来的。现在人们开始注意到教育中的自由问题，也慢慢意识到学生个性发展的重要性。

每个人对自由的看法不一样，本书所指的自由仅限社会生活领域，之所以产生这种自由，是因为现代社会中人们自主活动的空间变大了，个人的自由行动不能对他人造成妨碍，自由和责任是不可分割的。首先，这种自由不能以牺牲他人的自由为代价；其次，这种自由是自我的构建，个人必须为自己的行为负责，这是其消极的一面，不受别人的干涉只是最简单的层面，更重要的是，它是在不被别人决定的同时，能够打破束缚去自主创造，是一种积极的自由。消极的自由保障了这种自我实现，也让人们在享有自由的同时承担相应的后果，防止随意放纵。

人人都有个性，所以每个人都与众不同，如果个性遭到压制和控制，那么人就无法进一步发展，所以个性发展必须有自由。无论是自由的时间还是空间，都对人的个性发展起到非常重要的作用。它赋予人们自由发展的权利，有了自由人们就可以随心所欲地参与各种活动，在参与活动的过程中不断成长，调整自身，从而促进个性发展。自由的前提是承担相应的责任，这也可以让人更积极主动，让人们有空间进行自我选择和发展。自由在人的能力、性格和世界观的形成过程中发挥着重要作用。在个性发展的道路上，自由是不可或缺的，个性的自由发展能让人更理性，更好地把握自由。

大学既是每个人自我意识形成以及独立思考和创新能力不断增强的关键时期，也是个人个性形成和发展的重要阶段。所以高校要为学生提供适合个性发展的环境，高校教育的自由主要有学生和教师的自由、学术自由、高校自治，宽松和谐的教育环境对学生的个性发展十分有利。下面主要讲学生和教师的自由。

第一，学生自由与个性的发展。

学生自由指的是学习和生活方面的自由。学生在校期间，在教育教学活动中能够独立自主，这就是学生自由，即学生拥有更多的自主权，只要在合理的范围内，学生可以充分享受自由。而传统教育思想认为，教师具有更高的权威，在教育活动中是完全正确的，没有尊重学生的主体地位，认为学生是被动的接受者，这样培养出来的学生往往缺乏创新能力，更多地表现出顺从和依赖。学生的自由是有范围的，这种自由会在很大程度上影响学生的个性发展。

一是学生自由能够让学生在比较宽松、愉悦的环境中生活。学生应该参与到教育活动中，而不是被动地接受教育；教育者应该起到引导作用，而不是对学生进行监督、干预甚至惩罚学生。让学生拥有更多自由的权利，他们就可以自主表达观点，不会因为提出个性化意见而被另眼相看，从而培养创新能力和创新思维。

二是对学生来说，自由意味着时间和空间的自由，能够自己支配剩余时间。能够充分利用闲暇时间，对学生来说有很多好处。正是因为利用闲暇时间的方式不同，所以人与人之间存在差异，懂得利用时间的人往往能够得到更多的发展。在空闲和自由的时间里，学生可以培养自己的兴趣爱好，使自己的个人发展需求得到满足。在剩余时间内，学生可以自由活动，如读书、休闲娱乐、社交、参加集体活动等，这些活动既使学生日常的学习生活得到调节，提高了学生的信心，也在潜移默化中影响着学生世界观和价值观的塑造，让学生自由培养兴趣爱好，同时激发潜能并加以转化，学生作为主体可以有充分表达的自由。

三是学生自由让教师的地位发生了转变，所有的事情不再由教师一个人决定，教师不再是监督者和干预者，而是更多地让学生自主学习和解决问题。自由是一定范围内的自由，既要承担相应的责任，大学生在充分享受自由的同时，也要承担更多的责任，这样他们在做事之前就会仔细思考，然后作出决定，在选择教师时会更加理性，同时考虑社会和自身的需要，追求更高的需求层次。有了主动性和自觉性，学生就更勇于自我表现，不断发展自我，使自身得到更全面的发展，这样学生就会追求更高的目标，不断提升自己的能力，发展个性。

学生自由是大学生个性发展的直接条件，而间接条件是教师自由、学术自由、管理自由。在学校营造良好的教学环境会无形中影响学生个性的发展。

第二，教师自由与学生个性的发展。

教师自由对学生个性的影响是潜移默化的。波兰尼缄默知识的提出打破了传统固有的知识观念，并且为古人重视教师自身素质及教师对学生的言传身教提供了一定的科学解释。知识分为缄默知识和明确知识两大类。缄默知识是不能用语言加以表述的，是具有情景性和个体性的知识，对人的影响是无形的、是深远的。明确知识一般就是指书面知识，可以用语言表达的知识。学生的气质性格是不能通过书本知识的学习直接获得的，而是在实践活动中慢慢形成的。教师的教学风格，对教学侧重点的把握则是教师缄默知识在发挥作用，它们现实地存在并影响学生的气质性格。学生根据自己的个性特点选择自己喜欢的教师也即选择了一种自己喜欢的教学风格，其中隐含着的缄默知识对学生的气质、个性、知识结构的形成与发展都极其重要。

第三节　高等教育中师生良好关系的建立

师生关系既是高校各种关系中最基本的，也是最核心的关系。建立良好的师生关系是保障高校教育教学、科研和管理工作顺利进行，提高高校核心竞争力，建设世界一流大学的关键。因此，正确理解高校良好师生关系的意义，认识和把握制约与阻碍师生关系良性发展的问题，从而采取切实和合理的措施来解决这些问题，对于建设一种民主、平等、充满活力而又健康的良好高校师生关系，具有重要意义。

一、高等教育中的师生良好关系建立的意义

就学生的本质属性而言，首先，学生是教育对象。学生在学校的主要任务是接受教育，是学习者，是受教育者，是实施教育的客体。其次，学生又是学习的主体。教师的教必须通过学生的学才能实现，外因只有通过内因才能起作用，必须强调和指明学生是学习与发展的主体，必须充分发挥学生的主观能动性。最后，学生是发展中的人。一般意义上的师生关系，在内容上是授受关系；在人格上是平等关系；在社会道德上是互相促进的关系。

在高等教育中，高校教师和大学生为完成特定的教育任务，在高校教育教学过程中形成了一种特殊的社会关系，它是以实现教育目标任务为目的，以情感为纽带，以教育法律法规及学校规章制度为规制，以高校文化为环境

氛围的特定人际关系。高校师生关系不是亲情关系，不是普通的社会关系，其人际的特殊性在于它是"主体－主体"①的关系，是两个主体的相互成就关系。即高校教师和大学生都是主体，当然，在主体性程度上两者是有差异的。一方是相对成熟或具有某种知识、技能优势的主体，而另一方是尚未成熟或虽有一定成熟度但没有知识、技能优势的主体。

　　高校师生关系是否和谐一致，直接关系到高校学生培养的质量和学校未来的发展。良好的师生关系，可以使师生的主观能动性都得到发挥，充分调动学生参加教育教学的积极性，保证成果为本的互动式教学的顺利进行，培养出具有创新精神和实践能力的优秀大学生。良好的师生关系会向学生提供一种人际关系的榜样，成为大学生今后步入社会，建立和谐人际关系的一种潜在模式。由此可见，高校良好的师生关系是一本无字的道德教科书，是现代社会在高校的缩影。

　　然而，高等教育进入"互联网+"时代，传统的教育秩序正遭受巨大冲击，以"知识"和"情感"为中介的传统师生关系正面临困境及转型。有形层面表现为高等教育的主客体、组织形式、教育教学内容等发生了显著的变化；无形层面表现为高等教育的功能与价值正在被调整和重构。特别是"互联网+"的自由化、个性化、平等性与开放性在很大程度上转变了师生的思维方式和认知理念，颠覆了已有的知识观、师生观，在改变传统师生关系的同时，也影响了原来的师生关系生态，高校师生关系正发生着有悖于传统的异化，主要表现为知识来源的转移改变了师生的社会关系，技术的工具性凸显，淡化了师生的情感联系，思想观念的改变影响了师生的教学地位。由此，需要重新以知识为核心、以情感为纽带、以融合为导向，重构"互联网+"时代的高校师生关系。

　　另外，我国高等教育即将进入普及化阶段，接受高等教育将不再是一部分人的权利，而是所有人都应获得的资格。届时，高等教育必将面临知识膨胀、信息技术迅猛发展、生源更为广泛等新形势，这些新形势将对高校师生掌握知识的能力、运用信息技术的能力以及与人沟通的能力等带来挑战。在这样的背

---

① 王晶晶."双主体"：高校师生关系的重构[J].江苏高教，2017（8）：64-66.

景下，高校的师生关系将变得更为复杂，师生之间的包容性、平等性将更加凸显。信息技术的使用将成为师生互动的一种重要方式，在这个过程中，师生的线下交流以及情感互动将引发更多关注，学生的自主学习以及教师的指导作用将得以彰显。为此，未来高等教育应构建一种平等对话的师生关系，以期促进有效的教与学，帮助教师和学生更好地应对新形势和新挑战。

二、高等教育中师生良好关系建立的特点

良好的师生关系具有尊师爱生、民主平等、教学相长的时代特点。就其内容而言，高校师生关系中包含的教育关系和心理关系，每一个要素都有特殊的含义，对于实现高校教育目的有特殊的作用。处理这些关系需要遵循不同的指导原则：处理教育关系，要求做到教学相长，并且要做到民主平等；处理心理关系要求做到尊师爱生。教育关系是师生关系中最本质的关系，没有教育关系就无法形成师生关系，就不能实现学校的教育任务和培养目标。另外，教育关系在师生关系中具有激励和润滑功能，使师生关系充满活力并且减少摩擦，从而保证教育关系的正常运转，保证教育任务的顺利完成。

（一）教学相长

师生间在学习上互相促进、互相启迪、教学相长，是高校新型师生关系的主要内容。师生关系是因为教学过程而发生的，师生间的主要人际交往集中在"教"和"学"这两个相互渗透又相对独立的统一体中。在教学过程中，教师的专业知识及对相关问题的研究处于优势地位，他们也因此拥有学术权威；而学生可能在发散思维、异想天开、开拓新的生长点上更胜一筹。只有尊重学生，学生的个性才会得到充分的展现；只有关心学生，学生才愿意和教师交流，教师才可能真正了解学生。为此，教师对学生积极的期待会促进学生的发展，而消极的期待则会阻碍学生的成长。所以，教师应该充分地信任学生，相信学生的创造能力，使自己成为学生创造潜能的欣赏者、激发者和培养者。

（二）民主平等

教师与学生是高等教育活动中不可或缺的两个主体。缺少了任何一方，

教育过程都无法进行。教师是承担教育责任，具有主导性的一方主体，而学生是教师教育活动的承受主体。由于大学生的年龄特征，与教师交往时往往要求能够处在一种较为平等、民主的地位。因此，教师要放下权威及至高无上的架子（哪怕是学术权威），和学生平等、友好相处，真正成为学生的"良师益友"。此外，平等的师生关系是从人格上来说的，教师和学生双方在人格上是平等的，不具有等级关系，在日常生活中，师生之间应该相互尊重，相互信任，不是依附关系。同时，平等的师生关系并不是绝对的平起平坐，因为教师和学生在某些方面的职责范围不同，必将决定双方的主导方面不同。

从认知的角度看，教师和学生只是知识的先知者和后知者的关系，两者不存在尊卑关系；从情感的角度看，学生与教师一样，在人格上是独立的，每个学生都有自己丰富的内心世界和独特的情感表达方式，都需要理解和尊重。教学过程是师生双方共同作用的过程，营造平等、和谐、自由的氛围，提高教育教学效果，既是师生的共同愿望，也要求师生双方共同为之努力。在大学里，学生虽然是接受教育的一方，但仍享有法律上和道德上的独立的人格权利。当然，在学生犯错误时，教师必须善意地提出批评。

（三）尊师爱生

尊师是相对于学生而言的，我国历来就有尊师的传统美德，但是受社会多元化思潮的影响，一些学生的思想也受到影响，尊师的观念开始淡化。因此，提高学生的道德修养对于建设新型师生关系是十分必要的。首先，学生要认可和尊重教师的工作和努力，虚心向教师请教，努力学习，刻苦钻研，这是对教师工作最大的肯定和尊重。其次，学生要以宽容和理解的态度对待教师，也不能奢望老师说得都对，不犯任何错误。另外，每名教师的教学都有自己的特点，办事都有自己的风格，学生应该以宽容和理解的态度对待教师。师生关系是教师与学生之间的一种互动关系，学生对师生关系的态度，会对师生关系产生重要影响。大学生应理解教师在获取知识方面的有限性，尊重理解教师，在教学、生活、为人处世等方面真诚坦白地与教师交换意见，加强彼此沟通。

第一节　高等教育现代化与体系建设

一、现代化进程与体系建设

生存和发展，是人类永恒的主题。"人类总是努力成为自己的主人，在获得自主性的同时，创制合适的制度、规则和结构，创造更好的生存和发展机会"[①]。在这个意义上，人总是处于不断打破束缚获得解放的过程中：一方面，原有的制度、规则和结构不断被打破；另一方面，在一定时空场域内，恰当的制度、规则和结构被构建，并使之有机、有效地运转，促进人类更好地生存和发展。在一定程度上，这是现代化的前提、基础和动力，也是现代化的目标——人的现代化。

现代化是一个十分庞杂的概念。一方面，人们认同现代化是不可抗拒的历史潮流，任何国家、社会和个人都无法逃避；另一方面，在如何阐释并适应现代化的进程中，却又在毫无节制的阐释中产生诸多各异甚至矛盾的理论。尽管如此，现代化是有一些基本共识的。

现代化是现代性在物质、制度、观念三个层面的增加和扩展，是其中一个有基本共识的概念。此外，现代化就是一个打破旧的制度、规则和结构，构建适合人类生存和发展的制度、规则和结构的变迁过程。这主要体现在两方面：一是获得"个人主义伦理观的自主"过程；二是"在寻求用迅速发展的科学技术发现来解决古老的生存问题"的过程，即获得更好的发展的过程。由此可见，现代化是打破和构建制度、规则和结构，并使之有机、有效地运

---

① 叶国文.中国高等教育现代化与体系建设[J].中国高教研究，2017（7）：12-16.

转的变迁过程。

体系指若干有关事物或某些意识相互联系的系统而构成的一个有特定功能的有机整体，如工业体系、思想体系、教育体系等。此外，体系具有以下三个基本特征：一是体系是客观的、动态的；二是体系以相互依存方式呈现，以有机性和整体性为价值追求；三是体系与环境有关，即内部和外部的体系生态。而体系生态的改变会导致体系替代。事实上，体系是人介入生态的产物。自从有人类介入以后，体系大多是人创造的作品。沃勒斯坦认为，体系是人不断追求自我完善的结果。因为，人所寄寓的社会完善和发展的程度，除了各种资源和努力，重要的是取决于其对整体的洞察能力。简而言之，人在整体洞察基础上构建适合自身发展的有机体系。因此，人总是在构建有机体系中：第一，体系是人的需要，为了协调人、自然和社会的关系，人构建各种体系，并使这些体系有机有效运转，形成一个以人的发展为中心的体系。第二，体系总是以人的需要为中心而构建的。当时空发生变化，政治、经济、社会等发生变迁，导致原有体系无法有效运转时，就会被所构建的另一种体系替代。第三，体系没有最佳，只有适当。只要是自洽的、有机的、有效的体系，都是适当的体系。正因如此，体系同现代化一样，也总是处在一个变迁过程中。

综上所述，人的生存和发展是以人为核心的现代化过程。而现代化是一个变迁过程，即用一种体系代替另一种体系的过程。因此，无论是人的发展、现代化的进程，还是体系的生成和发展，都是人生存和发展的需要和结果。这是人的现代化过程，更是体系变迁过程。在这个意义上，现代化和体系都是人的作品，是满足人需要的作品。在人的需要中，他们是互相构建的。现代化是体系的需要，现代化需要体系支撑，体系现代化是现代化的目标。

二、高等教育现代化的体系建设

我国高等教育的体系现代化不仅是国家治理体系现代化的需要，还是我国高等教育现代化的自身需要。

我国教育要逐步实现管办评分离，扩大学校办学自主权，完善教育督导，加强社会监督。建立分类管理、差异化扶持的政策体系，鼓励社会力量和民间资本提供多样化教育服务，这既为构建我国高等教育现代化体系提供了实现路径，也为现代化高校治理提出了构建体系生态的需求。无论是体系还是体系生态构建，不外乎内部和外部两个方面：从外部看，需要构建契合我国发展需要的政府和社会（包括市场）的体系生态；从内部看，需要构建行政、学术与学生权力有效运行的权力结构，为实现现代化高等教育体系及其治理提供内在动力。从外部看，需要构建政府、社会和市场的生态体系。对于高等教育而言，教育行政部门的职能主要在于制定法规、标准以及提供信息服务和政策指导，从宏观上把握方向和质量，为高等教育健康发展提供良好的政策和制度环境，从而激活社会和市场活力，形成政府、社会和市场共同推动我国高等教育现代化和体系现代化建设。从内部看，需要构建三种权力有机运行的体系生态。在现代高等教育发展中，行政权力、学术权力和学生权力构成了大学内部体系结构，并在发展中创造出了一套行之有效的体系生态。

综上所述，中国高等教育现代化必须构建与我国现实相匹配的高等教育体系及其生态。这个体系和生态，不是西方的，而是源自中国的、历史的，符合高等教育发展规律的，同时又符合我国高等教育现代化目标。因此，无论是体系还是体系生态的生成，不是简单地否定和肯定，而是继承和创新的；同样，内部体系和外部体系及其生态也不存在一定就是最好的状态，但是整体运行和效用必须是合理、有机和有效的。

第二节　高质量高等教育体系的系统建构

高质量发展不只是一个经济要求，而是对经济社会发展方方面面的总要求；不是只对经济发达地区的要求，而是所有地区发展都必须贯彻的要求；不是一时一事的要求，而是必须长期坚持的要求。《中华人民共和国国民经济和社会发展第十四个五年规划和 2035 年远景目标纲要》提出"建设高质量教育体系，提高高等教育质量"的明确要求，如何把握高等教育高质量发展的内涵，建设高质量的高等教育体系，切实发挥高等教育先导性、支撑性、引领性作用，是高等教育进入普及化阶段面临的首要问题。

"高等教育体系是一个有机整体，其内部各部分具有内在的相互依存关系"[①]。从体系角度看待高等教育高质量发展，既需植根于高等教育政策话语，也要基于当前我国高等教育发展路径与价值取向。

一、高质量高等教育体系的建构路径——从离散到系统

高等教育从"高水平"到"高质量"，既需要政策引领，也需要体系的力量。一个体系的特点表现在整体性与协同性、层次性与关联性、动态性与开放性。高等教育发挥体系作用，需逐步转换离散式路径，构建整合框架。

第一，体系的价值涌现：高等教育功能的整体性与协同性。系统是由许多部分组成的整体，所以系统的概念要强调整体。高等教育体系的整体性与协同性，需关注高等教育作为一个整体的价值涌现，涌现即体系在运作时所呈现的内容，整体涌现强调"整体大于其各部分之和"，即指整体具有其组成部分以及部分之总和不具有的特性。高等教育在发展路径选择上，需要战略层面的整体部署，克服以指标为导向的形式主义式离散发展。这需要我们从系统的价值涌现角度思考高等教育体系的功能问题。

第二，体系的价值嵌合：高等教育结构的层次性与关联性。系统要做到高效运行，需要把诸多有差异性的构件协同运转起来，相当于为各个子系统配置最优的系统参数和权重，尽可能地减少系统的摩擦成本，提高系统的输出效率。因此高等教育体系既强调整体创新供给，也事关不同层次、类型的大学。不同层次、类型的大学在发展路径选择上，既强调分工与差异发展，也要加强协同与关联发展。这需要我们从系统的价值嵌合角度思考高等教育体系的结构问题。

第三，体系的价值激活：高等教育要素的动态性与开放性。系统的性质取决于要素的结构，而在一个动态结构的系统中，结构的好坏直接由要素之间的协调与否体现。动态性与开放性要求高等教育体系与其他的社会子体系之间互动交流，强调在与外界互动的同时，对体系内部进行动态优化。动态

---

① 宣勇，翁默斯. 论高质量高等教育体系的系统建构 [J]. 中国高教研究，2022（9）：25.

性与开放性要求大学在办学过程中充分分析与对接需求，与其他系统形成自适应的调试机制。

二、高质量高等教育体系的价值转变——从工具理性到价值理性

我国高等教育取得了令人瞩目的发展，具备了提供超大规模高等教育的容量与能力。随着内涵式发展的深入，我国高等教育在科研经费、学术论文产出方面大幅提升，在世界各大学排行榜上表现亮眼，"双一流"建设成效显著。应该说，以"找到大学发展的显性指标参考系，讲究效率实现快速发展"为特色的"工具理性"主导价值，为高等教育高质量发展阶段的进一步发力打下了坚实基础。

但需警惕的是，在"工具理性"发展价值取向下，当前高等教育体系也存在结构失衡、功能紊乱、力量分散与能力不足等问题。大学在国家战略科技力量中的独特作用尚未充分发挥，"高分低能"现象凸显。一是人才短缺与就业难同时存在。尽管各行各业对创新型人才十分渴求，每年的大学毕业生现已突破千万，但大学生就业难始终是一个重要民生问题。二是论文多与创新少。科研经费与学术论文大幅增长，但大学科技创新能力仍严重不足，特别是重大创新成果匮乏。三是排名高与贡献低。大学在各类排行榜上不断进步，但高等教育发展对社会发展、经济增长的贡献率还处于较低水平，在攻克关键核心领域"卡脖子"技术面前捉襟见肘甚至束手无策，难以支撑科技自立自强与国家高质量发展。

第三节　高等教育基本关系与教育学体系建设

一、高等教育基本关系

教育学体系框架的形成过程具有历史性，在教育学基本体系框架的基础上，形成了高等教育学的传统体系框架。从方法论的角度来看，教育学基础体系框架是必要的。从辩证唯物主义的角度来看，世界存在普遍联系，所有的事物都是联系在一起的。事物的变化因关系而改变，因关系形成矛盾，事

物发生改变的主要原因就是矛盾，事物的矛盾运动促成事物的变化，所有的事物都是这样。因为事物都是相互关联的，所以，事物只能被认识和规定。

第一，教育与社会以及教育与人的关系并不是人们随意虚构的，而是根据现实中的客观存在总结出的，正是因为人们抓住了教育的两个重要关系，才形成了认识教育、分析和研究教育的方法论。根据这一方法论，明确教育的内部和外部关系，并从中解析出两对基本关系，对这两种关系进行研究、分析，这种研究方式就是认识教育基本问题及重大问题的必要途径。人们通过这样分析教育获得了一系列重要认知，比如，对不同社会形态下的教育特征、教育本质、教育规律和功能等认知。所以，在教育与社会、教育与人的关系的基础上形成的教育学体系框架符合实际，是合理的、必要的。

第二，高等教育和经济的关系。与普通教育相比，关系更复杂的是高等教育和经济。首先，高等教育具有专业教育的典型特点，它属于职前教育。当人们接受完高等教育之后，需要在社会的不同岗位上扮演不同角色。其次，高等教育的学科应该适应社会需求。对于接受高等教育的人来说，社会对他们的要求是多样化、多方面的，主要包含知识架构、专业能力和学历等。所以，高等教育的学科层次结构、专业结构及课程结构等应该匹配和适应社会的产业结构、职业结构等，进而让他们可以尽快适应社会。最后，科技是第一生产力，科技是支撑经济发展的动力，而高等教育可以源源不断地产出科学知识。

第三，高等教育和文化的关系。与普遍教育相比，关系更复杂的是高等教育和文化。首先，高等教育的学科专业构成比较复杂，可以分为不同层次和类型，高等教育涉及的学科专业涵盖了人类活动的每一个领域，它的重要使命是培养人才、进行科学研究及服务社会。其次，高等教育的历史使命是保护、传承和创新人类文化，高等教育是人类文明繁荣发展的重要动力。最后，高等教育构建起了文化交流的桥梁，将不同文化连接在一起，成为人类文明发展的不竭动力。

总之，将教育学的体系框架移植到高等教育学中，着手分析高等教育和社会的关系以及高等教育和人的关系，是合理、必要的。

二、高等教育学体系建设

（一）高深知识与高等教育学分析

高深知识是高等教育的核心材料，是构建高等教育学体系框架不可缺少的重要因素。高深知识属于知识范畴。关于知识，有的从类型上划分，也有的从层次上划分。从类型的角度来看，有的将知识分为四类：事实性知识、概念性知识、过程性知识和元认知知识；有的将知识分为显性知识和隐性知识；有的将知识分为事实知识、原理知识、技能知识和人的知识等。从层次的角度来看，葛兆光认为，知识有普通知识与高深知识之分，普通知识与思想是指最普遍的，能被有一定知识的人所接受、掌握和使用的，对宇宙间现象与事物的解释，这不是天才智慧的萌发，也不是深思熟虑的结果。

高深知识是一个相对概念，它是相对于普通知识和一般知识而言的。高深知识的相对性主要表现为：不同时期，高深知识的内涵不同，在某一个阶段是高深知识，到下一个阶段可能就不是高深知识。

相较于普通知识，高深知识具有很多独特之处。简而言之，高深知识的独特性主要体现为以下三点：

第一，高深知识具有专门性。与普通知识不同，高深知识体现的是人们对自身、自然和社会的深入了解和深刻认知，相比于普通知识，它具有更强的专门性，这类专门性强的知识一般以学科的形式存在，可以将其理解成系统化知识。学科是知识存在的具体形态，在高等学校，我们接触的知识分不同学科，高等学校在传播、应用知识的过程中，始终以学科为中心，另外，高等学校的院系组织也是以学科为中心组建起来的，因此，高深知识的专门性较强。

第二，高深知识具有广泛性。随着人们认知的不断深化，学科知识也在不断丰富和分化。高等教育中的高深知识几乎包含了人类认知范围内的所有领域，在高等教育中，各学科知识都聚集于此。

第三，高深知识具有无限性。一直以来，人们都没有停止探索客观世界，短期内，人们的认知是有限的，但从发展的角度来看，人的认知是无限的，世界具有无限可能。高深知识不仅包括已有知识，也包括未知知识和没有完全认识的知识。当前，人们正在不断深入了解、挖掘和分析、研究高深知识，所以，高深知识具有无限性。

（二）高等教育学体系框架——三个基本维度

构成高等教育学体系框架的三个基本维度分别是高等教育与人、高等教育与社会以及高等教育与高深知识，这三个维度基本展现了高等教育和普遍教育的一致性，另外，也表现出了高等教育区别于普通教育的独特性。

1. 从方法论视角分析三个基本维度的合理性

高等教育和社会、高等教育和人以及高等教育和高深知识可以成为分析和研究高等教育的三个基本维度，是因为这三个基本维度代表着高等教育内部和外部关系之间的基本关系。高等教育和社会的关系就是高等教育的外部关系，另外，高深知识是组成社会的一部分，可以推动社会进步和发展，同时，高深知识还能推动高等教育的进步和发展，从这个角度来看，高深知识和高等教育之间的关系是外部关系。值得一提的是，如果高深知识和教育者、受教育者是高等教育的基本要素，那么，高深知识和高等教育之间的关系是内部关系。高深知识和高等教育既存在内部关系，又存在外部关系，因此，高深知识是沟通高等教育内部关系和外部关系的重要桥梁。

事物存在的基本形态是关系，所有事物都是相互关联的，事物在关系中被定义、被认识和发展。由此可见，事物离开关系，就无法发展和被认识，在社会中，所有的事物都联系在一起。高等教育属于社会现象，证明事物是相互关联的，另外，在关系网中，事物不断发展和被认识。世界万物都是普遍联系的，当我们在认识某一事物时，我们无法掌握事物之间的所有联系，更无法分析事物之间的所有联系，我们只能把事物的联系分为主要的、次要的和基本的。换言之，我们在分析和解决问题的过程中，应该抓住事物的主要矛盾以及矛盾的主要方面。所以，我们分析和研究事物的重要方法论是把握事物之间的基本关系。高等教育集合了多重关系，具体包括高等教育在关系中被认识、高等教育在关系中存续、高等教育在关系中孕生及高等教育在关系中演化等。由此可见，我们认识和研究高等教育应该从事物的关系入手。

高等教育的关系集群比较复杂，其中，最重要、最基本的关系是高等教育和社会的关系、高等教育和人的关系、高等教育和高深知识的关系，分析和研究高等教育离不开这三种基本关系。同时，只有在这三种基本关系的基础上，才能全面准确地认识和掌握高等教育。所以，构建高等教育学体系框架应该以这三个维度的基本关系为基础。

2. 从解释力视角分析三个基本维度的合理性

我们在分析和研究高等教育的过程中发现，三个基本维度的合理性不只存在于方法论层面，还存在于高等教育学中很多重大问题和基本问题中，这三个基本维度有助于理解和解释这些重大问题。

在考察高等教育史的过程中我们发现，高等教育有三种力量始终发挥着重要作用，推动高等教育形成和发展的重要动力是社会、高深知识、人之间的关系和矛盾运动。首先，推动高等教育发展的根本动力和重要力量是社会对知识的要求以及对人的社会化要求无法满足它们的关系之间的矛盾。其次，推动高等教育发展的根本动力和重要力量是人对知识的渴求以及人想要通过高等教育解放自身以及实现社会化与高等教育无法满足它们之间的关系的矛盾。最后，推动高等教育发展的根本动力和重要力量源于高深知识作为接受高等教育的教师和学生的中介，也作为两者共同作用下的客观事物，随着高深知识的不断积累和分化，形成了知识生产变革。此外，高等教育的形成和发展不是由某一种力量决定和影响的，高等教育的形成和发展是社会情境下多种力量相互作用的结果。在三个基本维度中，如果某一种关系产生矛盾运动，那么通常都是以其他两种关系为中介或具体条件。在现实生活中，这三种基本关系是相互联系、耦合共生的。

高等学校在设计专业课程时，受制于社会、人和高深知识的关系。高等教育是以普通教育为基础建立的专业教育，进入高等学校的学生都是通过专业培养的，培养高等学校人才的基本单位是专业。通常情况下，高等学校专业的设置依据是社会的职业分工，高等学校培养的人才应该满足社会对专业人才的需求，因此，高等学校和社会连接的重要纽带是专业。从专业内涵和专业基本要素的角度来看，专业构成包括课程体系、教学活动和培养目标。从这个角度来看，培养目标的课程体系以专业为中心。一般情况下，课程体系包括公共类、专业课、基础课等，课程内容几乎都是高深知识，并且，根据培养目标选择学科知识可以强化人才的专业性。

第四节 高等教育治理机制与质量监控体系创新

一、高等教育治理机制分析

（一）高等教育治理机制改革的实现

完成高等教育治理改革，满足高等教育利益相关者的多元利益诉求，是高等教育治理改革价值实现的过程。完成高等教育治理改革是实现"自主办学"和"多元参与"价值的主要路径，因此，必须坚定不移地深化我国高等教育治理机制改革。"自主办学"和"多元参与"是我国进行高等教育治理改革的主要价值追求，实现这两种核心价值，是满足政府、高校、社会的不同利益诉求的一个高等教育治理过程。因此，深化高等教育治理改革，化解价值冲突，才能有效地实现我国高等教育治理的价值追求，促进各方利益相关者转变传统角色并在治理过程中达成一种新的平衡。

高等教育治理改革离不开社会各界的多元参与，社会参与办学是我国高等教育治理改革中最早推动的社会参与治理形式。民办高校是社会力量参与高等教育办学最重要的表现。民办高校作为一种不依赖国家财政经费的公益性高等教育机构，为我国高等教育大众化发展做出了重要贡献，也为我国高等教育探索了一种不同于公立高校的发展模式。独立学院则是社会力量与公立高校合作创建的一种所谓的"民办公助"性质的普通高校，一般而言，这是社会力量不满足于民办高校发展规模和质量，而创新的一种参与高等教育办学的新形式，显然，我国社会仍然蕴藏着参与高等教育办学的巨大力量。

从高等教育功能的角度看，是指学术界与产业界为了共同实现科技创新、人才培养等目标而形成的合作交流关系，它主要由产业界启动，以学术界的研究与开发为起点，再经过产业界成功的市场实践，从而推动科技创新并进入市场，同时为高校培养人才提供机会与平台，具体合作形式有工业－大学联合研究中心、大学科技园、科学技术孵化器、大学衍生公司等。从高等教育治理的角度看，产学研合作不仅是一种大学与企业的科技创新和人才培养的合作方式，它涉及企业、高等院校和研究机构两大领域三个不同部门，同时受到政府的高等教育政策和市场监管制度的影响，因而，在某种程度上，产学研合作是一种合作治理，其中直接参与主体是大学（包括研究机构）与企业，而政府也作为第三方间接参与协调并监督两者的合作治理活动。

社会参与评价是我国高等教育治理改革确立"多元参与"价值取向最主要的目标，即实现政府、高校、社会之间的管办评分离。在社会监督的改革中，社会参与评价至少将形成三种评价模式，并建立一个专业性程度由低到高的社会评价体系，即利益相关者的质量评议模式、新闻网络媒体或教育数据公司的排名模式、社会中介组织的院校或专业认证模式。利益相关者的质量评议，是社会个体、群体对高校普遍的个人认知和评价，是一种个别的、分散的、非专业的高校社会评价，主要包括社会公众、用人单位、学生家长的评价，它体现的是一种舆论氛围或者口碑影响。排名评价是世界上社会参与高校评价最普遍的一种形式，也是当前我国发展最快的社会参与评价模式，它主要满足了社会公众、具体高校对高校某一方面的发展水平的信息需求，如学生家长关心的办学水平与质量、高校看重的与其他院校相比的发展优势与差距等。认证模式是最为专业的社会参与评价模式，具有认证主体中介性、认证标准专业性、认证过程规范性以及认证结果权威性等特点，被认为是实施非政府社会化评价制度的最有效的方式。

在高等教育治理改革中，扩大社会参与，实现社会力量从"旁观者"转变为"参与者"的标志是建立完善的社会参与决策的机制与平台。随着高等教育与社会关系的日益密切，高等教育决策离不开社会力量的广泛参与，应当吸纳社会各界人士参与决策过程。当前我国主要实行的是专家委员会咨询机制，其中最具代表性的是中华人民共和国国家教育咨询委员会，该委员会主要由来自全国人大和全国政协的科教文卫委员会、国务院参事室、高校、教育学会等部门的专家组成，其主要职能有三项：第一，论证评议重大教育政策与改革方案，提供咨询意见；第二，开展调查研究，对相关重大教育改革提出政策建议；第三，评估国家教育体制改革项目，提出评估报告等。委员会的意见和建议为政府决策提供了重要的参考依据。当然，高等教育决策不应当仅听取教育专家的建议，也应该征求教育界以外普通民众的意见。

随着改革的深入，"自主办学""多元参与"的价值理念日益在我国高等教育治理实践中得以彰显，展现出我国高等教育管理体制的蜕变，中国高等教育治理模式正在形成。中国高等教育治理模式是由中国文化的特殊性所决定的，中国高等教育治理模式的形成过程是一个中西对话的过程。换言之，中国有自己独特且深厚的文化传统，所以中国应当建立自己的大学模式。中国高等教育治理模式并不是一种普适的大学发展模式，而是一种独具中国传统文化特色的大学发展类型，其特征更多地表现在发展规模特点、学术话语体系以及治理体制等具体的内容方面。

中国高等教育治理模式是在进行现代国家建构背景下形成的高等教育治理模式，以使我国高等教育从管理转向治理，由微观管理转向宏观管理，由直接管理转向间接管理，由办教育转向管教育，由管理转向服务。在高等教育治理改革中，"自主办学"和"多元参与"价值实现是在传统的高等教育宏观管理体制和微观的高校内部管理体制中嵌入"独立自主"与"多元参与"治理机制而体现出来的。具体而言，从高等教育宏观治理改革来看，通过扩大高校办学自主权和扶持社会中介组织承担社会评价职能来实现"自主办学"和"多元参与"，换言之，高校自主办学是授权性的自主；社会多元参与是政府引导与扶持下的参与，而非独立的参与。因此，建构高等教育治理改革机制并不是要替代现行的高等教育办学和管学组织及其体系，而是改革和完善，是在传统的高等教育宏观管理体制中嵌入新的治理机制，从而形成政府宏观管理、高校以办学自主权为依据进行自主办学、社会组织和公民参与治理的高等教育治理改革机制。

（二）高等教育治理机制的多维度实践

1. 高等教育的宏观治理机制思考

（1）创新高校内部管理机制。高校内部引入企业化管理理念以及创新高校管理机制。在不背离高等教育基本目标的前提下，坚持以市场为导向，把学生能力的培养和科研的实用性放在第一位。

第一，强化内部竞争。对管理人员实行有效的竞争与淘汰机制，打破资历惯例，建立合理的评估体系，不合格者一律降职或减薪甚至辞退，有能力、成绩突出者加以提拔、委以重任。精简行政队伍，一律取消闲职。学术委员会和学生委员会的日常行政都可以委托给行政委员会处理，防止多重行政系统的存在。

第二，教师的能力从教学与科研两方面进行考核。以创新研究能力为基础，教学不能仅依据书本进行诵读式的教学，对优秀的教师要予以重用，实行有效的聘用与解聘制度。

第三，对学生宽进严出。给学生宽松自主的学习安排机制，优化学生毕业和获取学位的评估方案，鼓励学生凭能力提前毕业。

第四，培育高校稳定健康的核心文化，使高校真正发挥文化基地的作用。精简和优化组织结构，提高管理效率，节省管理成本。

（2）构建公平的高等教育市场机制。建立自由公平的高等教育市场，需要先摒弃高校目前的评级制度，可以不设立名目重点扶植本来条件就很优越的学校（一些政策性高校除外），而且对落后地区的高校进行额外补助，尽量使竞争环境公平化。除高校正常经费外，办学优秀的给予奖励，好的项目给予经费，但项目经费的数量要合理并且公开，以信息透明化来监督教育机构的行为。

2. 高等教育的内部治理机制体系

（1）建立基于学术的团队型组织结构。所谓团队型组织，就是整个组织是由执行各项任务的工作小组或团队成员组成，这种组织不存在从高层至基层的管理职权链，各团队被授权开展工作，能迅速根据环境的变化第一时间处理各种问题，从而更具灵活性和环境适应性，更容易快速实现组织目标，这种组织的特点是：①实行跨职能团队管理，以工作流程为中心来构建组织结构，职能部门的职责逐渐淡化；②在管理幅度上，简化纵向管理层次，削减中层管理者，使组织指挥链最短；③组织资源和权力被授权于基层，实行分权管理；④运用现代网络通信技术促使信息自由流动。

（2）构建科学民主的领导选聘机制。当前，我国高校的高层领导大多是

上级组织部门任命的，广大基层教职员工少有发言权。为优化我国高等教育
内部治理机制体系，使高校最终运行方向为国家建设事业培养数量更多质量
更高的接班人，高校现行的党委负责人可以由相关组织部门任命，负责人的
主要使命是把握大学的主流方向，行使监管职能，不干预具体的大学行政事
务。当前高校最主要的是改革校长选聘制度，扩大校长选聘过程中教师的民
主参与，建立科学、民主的校长选聘规范和程序。具体可以采取以下办法：
①面向社会公开招聘高校行政负责人，注重学术水平、管理能力和道德修养
等全面素质，如果所招聘的校长名不副实，全体教职工代表大会可以解聘并
重新招聘；②由高校全体职工通过民主选举从内部产生校长，并报上级主管
部门批准。

（3）建立严谨有效的监管机制。"高校教职工的个人利益和学校整体利益
从根本上而言是一致的，但是个体与整体、局部与全局之间不可避免地会出
现一些矛盾，这就需要高校工会代表广大教职工，全心全意维护职工合法权
益，要做到这些方面。"①

第一，增强高校工会的独立性，使它能够有职权协调学校内部各种利
益关系，保障教职工正当的、合法的权益，调动和保护教职工的积极性和
创造性。

第二，增加学生组织在高校管理与监督事务中的发言权。高校以学生为
本，学生是高校的主体，高校运行的最终目标是一切为了学生。传统的高校
管理模式是把学生作为知识的被动接受者，学生是高校的管理对象。而现代
高校认为学生既然是知识的消费者，也必然是高校发展的最终依靠，因此，
也必然是高校管理的一极。不能把学生仅仅当作教育管理的客体，而要把他
们当成接受教育服务的主体，学生有动机和理由要求学校提供高质量的教育
产品。因此，切实保障学生参与学校教师评价、学校评价和参与学校事务管
理的权利在当前的形势下显得尤为必要。

（4）完善高校内部权力制衡机制。在我国高校内部，为了保障教学、科
研及管理正常有效地进行，为了保障学校管理层正确行使手中的权力，确实

① 谢涤宇.论公办高校内部治理缺陷及体制变革[J].黑龙江高教研究，2010（2）：42-45.

也建立了一些监督机构。但是从运行的实际情况来看，效果并不理想。完善高校内部权力制衡机制需要注意以下方面：

第一，要建立专职监督机构的垂直领导体制，增强监督机构的独立性。在大学内部，专职监督机构由上级主管部门垂直领导。专职监督机构负责人的选拔任用、职务晋升、奖惩任免、考核考评由上级主管部门负责，专职监督机构负责人负责组建自己的工作团队，可从学校内部人员中选择产生，也可从校外聘任。如果专职监督机构不能有效地行使其职能，学校行政管理部门和全体教职员工具有弹劾权，上级主管部门必须认真考虑。高校应在大学章程中就专职监督机构的设置、人员配备等基本条件做出明确规定，以保证专职监督人员具有较强的专业胜任能力和较高的职业道德素质。

第二，尽量使内部监督外部化，增强对管理层的监督力度。如内部监督机构加入各种专业监督协会，与同行定期交流各种信息以了解行业动态，使监督更有针对性。

第三，充分发挥上级教育行政部门对专职监督机构的指导与领导。专职监督人员可以随时向上级行政部门反映高校有关问题，上级主管部门必须大力支持并给予具体的指导，还可以从同行中抽调骨干力量予以配合，使监督工作更有力度。

（三）高等教育的信息化治理机制建设

信息技术正不断刷新、改变我们传统的教育方式。在线学习、云计算、大数据、社交媒体等新的信息技术和应用的出现正重新定义高等教育，这些新科技也会逐渐促进高等教育教学模式、学习方式和教育管理的转变。在此过程中，以学习者为中心、众人参与的现代高等教育理念，以其开放性、动态性、超前性和变革性的特征越来越受到人们的关注。加快教育信息化，以信息化带动教育的现代化，已经成为实现教育跨越式发展的重要途径。为推动信息技术与高等教育教学、科研的融合与创新，服务优质教育资源建设与共享，提升高校在新形势下的信息化水平，进一步推动高等教育现代化进程，高等教育信息化越来越受到各行各业的关注，高等教育信息化建设也逐渐提上各大高校的日程。

随着科学技术的不断进步，网络技术水平也在不断提高，"互联网+"作为一种新的发展模式进入大众的视野，而"互联网+教育"的新的教育发展模式也逐渐得到普及，这也是把互联网的创新成果与教育发展深度融合，推动教育效率提升和组织优化，形成更广泛的以互联网为基础设施和创新要素的教育发展新形态。"互联网+"融合云计算、大数据、物联网等技术，实现跨界融合与连接，在这种背景下，高校信息化建设与管理面临新的挑战。信息化作为一种有力的工具，能在服务模式和管理模式上产生重大变革，并提供良好的技术支撑。随着校园网规模的扩大、应用的增多，各高校的网络管理机构逐步独立出来，规划、建设、管理本校的校园网。在未来，信息技术将给教育带来革命性影响，教育科学的基础研究和交叉融合，将加速教育信息化进程，并用教育信息化不断推动教育现代化发展。在教育信息化方兴未艾的今天，更多教育信息化企业正迎来更广阔的发展空间，信息技术作为一种新兴的传播方式，正在带来教与学的革命性改变。

1. 高等教育信息化常规机制建设

高校信息化机制是信息化和高等教育理念的共同承载体，其作用在于驾驭新的技术力量来实现高等教育的目的。以信息化发展阶段理论考察高校信息化机制与信息化建设的关系可见，信息化机制是信息化建设高级阶段的必然要求，同时也是将信息化革新力量从技术层面传递到思想层面的中间环节，是高校信息化建设的核心内容和重要成果。

（1）高等教育信息化常规机制建设的内容。机制建设虽然是教学建设的重要内容，但不是开始就要进行机制建设工作。改变机制需要等到信息技术全面覆盖高校教学的各方面，而旧的机制无法满足信息化教学发展需要时，才需要改变旧的机制，构建新的机制。现代高等教育信息化常规机制建设是信息技术与高等学校教学理念的承载体。信息技术的运用，使高校的教学手段发生改变，构建起一个全新的、能体现信息化教学需求的组织架构及运行机制体系，保障信息技术的价值与作用得到良好发挥。构建高校信息教学机制的最终目标是实现人的自由和全面发展。现代高等教育信息化常规机制建设主要由三个部分组成，分别是：管理机制、运行机制、评价与考核机制。

第一，管理机制。信息化教学管理机制包括信息化教学战略管理问题及信息化教学的政策体系研究与制定这两方面的内容。①信息化教学战略管理问题。信息化教学要想在学校教学中得到很好的应用，将涉及学校的各个方面，包括观念、模式，学校组织变革、教师观念、知识结构的调整，甚至是核心竞争力的形成等，都将受到全面的影响，这就需要我们结合学校的实际情况，从战略角度对信息化教学做出长远的、整体的规划，这种规划是学校发展的内在需求，不是外界强加的。高校在制定信息化战略时要根据自身的实际情况，认真思考，才能使信息化战略成为真正的行动纲领，才能发挥其对学校的信息化教学建设工作的指导作用。②信息化教学的政策体系研究与制定。学校信息化教学不是一个短期任务，是一项需要持续进行高投入的事业，需要研究并制定符合学校实际的可持续发展机制，这样才能不浪费投入的资金。因此，高校在建设战略管理机制的同时，也应建立信息化教学的可持续发展机制，这样才能保证信息化教学的稳定性和连续性。

第二，运行机制。在信息化教学的相关设施和机制构建完成之后，运行机制的建设便顺理成章了。运行机制的建设有利于保证教学资源的合理利用和日常安全。相关人员的培训、操作的标准制度以及相关服务体系的完善是运行机制建设的主要工作内容。

第一步，规范标准的教学信息资源。制定教学资源的规范标准有利于保证信息化教学资源合理利用。依据当前信息化教学资源的现状，我国在规范教学信息资源的标准时要重视三个方面：一是注重资源建设流程的规范，这样将有利于资源的统一；二是无论是资源的引进还是自主开发，都要严格遵循相应的标准要求，只有这样才能保证教学资源的质量；三是在开发过程中，要选用合乎规范的开发工具。

第二步，建立信息化教学技术支撑服务体系。要想建立完善的支持服务体系，必须先明确信息化教学技术支持服务体系的内容：①包括基本的设施内容；②包括相应配套的应用内容。基础设施内容既包括多媒体实验室、校园网络系统等硬件设施建设，还包括信息教学规范、信息教学标准等软件设计建设，以及相应的网络教学平台和网络教学数据库。应用内容重点是指信息化教学应用，如教务系统的信息化运用，教学资源的信息化采集等。

第三步，建立学校信息化教学培训体系。教师和学生是信息化教学的主要使用者。师生都需对信息技术有良好的掌握,才能真正发挥信息化教学的作用。要想师生都能掌握信息技术的应用方法,就需要建立一个信息化培训体系,来保障信息化教学的顺利开展。不仅如此,建立信息化教学培训体系能在学校内部构建起一个良好的信息化政策环境和人文环境。

第三,评价与考核机制。评价与考核作为机制的一个组成部分,在整体机制中充当着监督者的角色。高校的信息化教学机制建设应当建立专门的评价与考核机制。建立信息化教学的评价与考核机制,能够及时有效地对学校的信息化教学实施过程进行监督,能够及时发现教学过程中存在的问题,帮助学校的信息化教学水平进一步提高。同时,也可借助评价与考核机制的评估功能来推动高校信息化在基础设施、资源的开发、管理与利用以及信息化人才培养等方面的建设,从而进一步保障学校信息化教学工作实现可持续发展。

(2)高等教育信息化常规机制建设的对策。现代高等教育信息化常规机制建设的对策如下:

第一,管理机制建设的对策。要想在高校的信息化建设中取得良好的成果,先要从人员和成本两方面保证管理机制的高效运行。现阶段,部分高校在管理机制的建设上不够完善,有的部门职能和定位不准确或者人员对信息化知识的掌握不够,因此,高校应当着眼于这些问题,从管理理念、组织结构以及信息化人才等方面着手,对信息化的管理机制予以完善,明确信息化管理的决策地位以及相关权限,注意信息化在高校管理机制中的作用,明确对负责信息化管理人员素质的要求等。

一是明晰信息化管理在高校管理体系中的定位。在当今时代,知识经济的特征越发凸显,知识迅速增加和知识淘汰的速度加快,因此,传统意义上的教育、专业已经逐渐不能适应时代的发展。作为越来越重要的生产力,信息化技术则能够很好地解决传统的教学方式和管理模式存在的弊端,发挥网络的传播作用和强大的信息存储功能,面对学生建立起共享的创新型教学模式,保证学生能够随时随地快速地学习知识,推动高校的教学职能进一步扩大。相应地,高校的信息化管理也应当随之做出改变,必须在资源的统筹整合和信息化技术的应用上多努力,既能够保证信息化技术在高校的组织机构中得以充分运用，还可以推广高校的教学职能，改善教学理念。所以，在高等学校中建立信息化管理模式，目的不在于建立一个负责信息化管理的机构，而是强调信息化管理与通常所说的管理机构处于同等的决策地位，为信息技术作用于高校的教学职能提供了可能性。

具体而言，就原有的信息化管理模式而言，信息技术往往被当作辅助性工具，而在新的管理模式中，信息技术则具有一定的决策作用，能够改变高校的办学理念，该管理模式将其纳入高校的综合管理之中，换言之，将信息化的管理系统和高校的业务管理融合起来，通过信息化技术的功能优势来推动高校的办学理念提升。在充分统筹运用信息资源的基础上，高校能够持续改善、丰富教学方式，使得终身性的教育模式、开放性的教育模式、无限化的教育模式成为可能。

二是明晰信息化管理者的素质及选择标准。因为技术、行政、决策这三大职能都是包含在高校信息化管理机制中的，所以对人才（包括作为信息化管理领导者的 CIO 和 CIO 机制下各信息管理服务部门的责任人、执行者）的要求势必是融合多方面于一体的。明晰信息化管理者的素质及选择标准如下：

首先，具备较高的管理才能。参与高校信息化决策管理领导者的必备条件是优秀的管理专家，针对高校在信息系统全面管理开发中复杂、难度大的情况，领导建立起多方位、多功能的信息体系，最大限度地达到信息资源的共享，帮助学校管理层进行长期规划以及相关决策。

其次，具备良好的协调与沟通能力。高校信息化管理者肩负着对高层决策负责的重担，除此之外还要对高校各个机构以及部门统筹兼顾、全面协调，所以，一方面要加强信息系统和机构的管理；另一方面更要注重多部门间的统筹协调，推动高校教育规律和技术发展的融合发展，逐步实现信息管理的价值最大化，进而回归信息化本身的价值。

再次，具备一定的商业知识和商业头脑。高校信息管理者不只是从简单的高校内部角度出发去考虑，而是要以高校发展为核心进行整体谋划，能够最大限度使信息管理系统，发挥其效用，所以需要具备一定程度的商业意识去对信息进行相应的处理，借助财务报表、管理报告和用户信息数据，来对投入产出比进行一定程度的分析，最终运用到高校信息化管理建设。

最后，具备必不可少的技术背景。信息技术的发展已经实现了从幕后转向台前的转变，同时也向着更加高精尖的方向发展，也就导致之前由非专业人员进行信息化系统管理的现象成为过去式。所以，技术背景和信息素养也就自然而然成为高校信息管理者的必备条件，更应该成为信息和教育技术方面的专家，既对办公自动化、计算机应用了如指掌，又要熟练知晓信息管理学和信息管理系统，加之对电子商务的熟悉度。

第二，运行机制建设的对策。在已经完成对于信息化的基础建设以及管理机制的构建以后，高校信息化建设的核心就转变为在保证信息流畅运行的基础上不断提高信息化的安全。高校信息化机制中对于资源采集、制作、交换、共享、反馈等多个部分均有所涉及，在完成对计算机网络设备的全方位融合以及整合信息化管理相应职能以后，接下来最主要的就是两大问题：首先，在机制上对信息资源进行整合和标准进行统一的问题；其次，技术和制度保障信息的融合。从解决问题的角度出发，要建立包括人事、教务、图书馆、行政办公等多个方面在内的信息化规范以及机制标准，使各个系统的信息能够在同一个平台上实现信息的无缝衔接。还有就是为保证信息在应用、传输、储存以及日常管理中的安全和保密，应及时建立安全高效的运行保障机制。

2. 高等教育信息化教学资源建设

教学资源是教学活动至关重要的组成部分，教学资源建设已经成为各大高校教学工作的重点，随着教育事业的发展，教学资源建设越来越受到教师与教学管理者的关注。在教学活动中，教学资源有广义和狭义之分，广义的教学资源是指所有可以用于教学的事物，包括进行教学服务的人，即教学环境、教学信息及教师等。狭义的教学资源主要指在教学过程中使用的媒体及信息、资料的承载物，例如书籍、教学模型、视频、音频、动画等。

通常而言，信息化教学资源属于信息资源的范畴，是从狭义上理解的一种特殊的教学资源，是一种经过合理选取、组织之后形成有序化、有利于学习者自身发展的有用信息的集合。本书所讨论的信息化教学资源，主要指蕴含了大量教育信息，在学与教的过程中通过使用者的使用能创造出一定教育价值，且以数字化形式存在并可在互联网上进行传输的信息资源。

（1）高等教育信息化教学资源建设内容。

第一，教学资源的特征表现。

一是存储与传播的数字化特征。数字化是计算机数据处理和网络传播的本质特性。当今世界，各行各业的信息处理趋于数字化，由计算机和计算机网络构成的信息处理系统和信息传输系统已将世界各个角落连为一个"村落"，在这个世界中人们在信息处理、加工、传输等方面，都是以数字化方式进行的。

二是教学资源的丰富性特征。浩瀚的网络世界给教学资源的流通带来了很大的便利性，传统教育中使用的教学资源比较单一，而信息化的教学资源打破了传统教学的桎梏，丰富了教学资源的种类，让不同的学习者都能找到适合自己的学习材料，既可以帮助教师实现教学的异质化，也能开拓学生的视野，激发学习兴趣。

三是教学资源的开放性特征。网络的飞速发展，使硕大的地球变为地球村。

四是教学资源的可扩展性特征。传统教学资源的可加工性、处理性较弱，且不易推广应用，如教学挂图、教学模具等，很难进行再加工。信息化时代完全打破了传统教学资源的这种弊端，使教学资源具有较大的可扩展性，学习者可在现有资源的基础上进行横向扩展和纵向精加工，以满足不同学习者或同一学习者不同时期的学习需要。

五是教学资源的再生性特征。信息时代是一个富有创造性的时代。信息时代的教学资源可以在学习者的积极参与下，通过学习者利用信息技术对知识的整合、再创造来实现教学资源的再加工、再创造，从而丰富其内容。

六是教学资源使用的灵活性特征。计算机网络的出现使学生可以随时随地使用信息化教学资源，学习者的主观能动性更加凸显，可以根据自己的兴趣爱好自由地选择学习内容、任课教师，可以根据自己的时间安排学习进程，也能从网上轻松获取自己需要的学习材料。学习者在网上的学习具有很强的灵活性，既可以在同一时间与异地教师进行学习交流，也可以随时下载教师提前上传的教学内容与资料，同时，学习者还可以通过网络与其他学习者讨论学习。

七是师生在学习活动中的交互性特征。新课改更加强调学生在教学活动中的主体作用，而这种主体性在某种程度上也可以在教师与学生的交流中反映出来。在传统教育中，教师与学生虽然可以进行面对面的交流沟通，但这种沟通

仅限于在课堂中，而信息技术的发展，改善了这种交流方式，以前纸质资料与
广播电视的单向传播方式和电话必须同步的双向交流方式慢慢退位于信息化教
学。在信息化教育中，师生的交流讨论突破了时空的局限，教师与学生、学生
与学生都能十分便利地利用网络进行双向或多向的学习互动，并且交流的方式
也呈现出多样化，可以使用文字，也可以采用音频、视频的形式。

第二，教学资源的类别。从信息化的层面来看，教学资源可以被分为三
个类别：媒体素材类、集成型、网络课程类。

一是媒体素材类。在信息化教学资源中，媒体素材类教学资源是最基本
的教学材料，包括以下种类（见表3-1）。

表 3-1　媒体素材类

类别	内容
文字	文字是人类最重要的交流工具，也是传递信息最重要的一种手段，文字伴随人们生活的方方面面，人类文化也依靠文字得以流传。在日常生活中，文字出现在书籍、报纸、网络文章等，在教学过程中，课本、练习题等学习材料都是以文字的形式进行传播。在信息化教学资源中，"文字"被"文本"这个词代替了，在传播过程中，文字除了能变换字体、字号和颜色，还有许多新的发展
图形/图像	图形在教学活动中也是一种常见的教学资源，虽然图形比较抽象，承载的信息也较少，但因其直观性、不易失真等特点，在多媒体教学和网络传播中使用较多。图形资源有静态的，也有动态的，最终的教学效果没有很大区别。图像与图形不容易区分，但两者确实也存在差别。作为一种特殊的教学资源，信息化图像与报纸、书籍、电视等使用的图像相比，具有以下优势： 　　第一，信息丰富，容量大。在信息化环境中，图片更具有层次感，色彩感也更加丰富，能够客观真实地再现现实世界（如照片），所以它承载的信息也十分充足。通常而言，信息化世界中的图像都是经过数字技术的压缩处理后再被存储在服务器中。 　　第二，较强的选择性。图像真实、生动的特点为信息化教学提供了高质量的学习资源。网络包罗万象，存储的图像也十分丰富，传递的信息自然也就多了，人们能够随时随地从网络中选择自己需要的图片，并且可以将其保存在自己的电脑上，也可以打印出来，随时欣赏。 　　第三，图片可以进行自由伸缩、后期加工。传统媒介如报纸、书籍、杂志等图片的大小是固定的，不能改变，更不要说对其进行编辑加工了，而信息化环境中的图片却是自由的，人们既可以根据自己的需要对其进行放大或缩小，也可以利用专门的图片处理软件对其进行编辑加工，使其呈现出自己想要的图像效果

续表

类别	内容
音频	音频就是声音，包括波形音频、CD-DA 音频和乐器数字接口（MIDI）音频。波形音频是音频中最常见的一种形式，也是记录声音最直接的一种方式，虽然其数据量比较大，但由于对记录和播放的环境没有严格要求，所以在教学中比较常用。CD-DA 音频也就是我们常说的数字音频光盘，特点是质量高、声音立体。MIDI 音频的播放比较复杂，需要借助解释器，对播放环境也有比较高的要求，不过它的数据量较小，因此是背景音乐场所的重要选择。 音频信息具有过程性，能够限定和解释画面。在信息化教学中，音频的使用率极高，教师要选择合适的音频并进行合理使用，这样既能传递教学信息、吸引学习的注意力，还能调动学生的学习积极性，提升学习兴趣
动画	动画是由一系列快速变化的图画构成的，给视觉带来连续变化的感觉，是由图像组成的对事物运动、变化的模拟。动画的工作原理与电影、电视一样。通常情况下，动画要实现信息的传递就必须借助专门的工具。动画可以从不同的视角进行划分：从动画动作的表现形式来看，可以分为与自然动作无差别的"完善动画"和用简单、夸张手法来表现的"局限动画"；从空间的视觉效果进行划分，可以分为平面动画和三维动画；从播放效果的角度看，可以分为顺序动画和交互性动画；此外，从动画每秒播放的幅数来看，又可以分为全动画和半动画。在进行动画制作时，人们更加突出动画的本质要素，而不强调事物运动、变化等次要因素，所以制作出来的动画更有利于生动形象地表现事物的运动状态，同时经过创造性设计的动画在教学活动中能够吸引学生的注意力，帮助学生更好地掌握学习材料
视频	视频在现实生活中也是运用非常广泛的信息交流工具，与动画对现实世界的模拟不同，视频是对现实世界的直接反映，能够记录真实的世界。因此，将视频用于教学中，能够直观、真实地再现学生平时难以接触的、陌生的事物，帮助学生组织知识结构。一般而言，视频是声音与图像的结合，因此，在观看视频过程中，通常都有语音解读或背景音乐，增强了教学的感染力。当然，视频在呈现画面时，也有可能出现一些影响学生注意力的无用信息，这就要求教师在选择视频教学资源时进行合理的判断

二是集成型。集成型教学资源是信息化教学中一种特殊的教学资源，它基于特定的教学目标和应用目的集合而成。此外，它还有另一种形式，就是把多媒体素材和网络资源按照教学需要进行有效组织，从而形成一种复合型教学资源。按照这些资源的实际应用形态，又可以将其分为课件与网络课件、案例、操作与练习、虚拟实验、微世界教育游戏、电子期刊、教学模拟、教

育专题网站、研究性学习专题、问题解答、信息检索、练习测试、认知工具和探究性学习对象等类型。

三是网络课程类。进入信息化教育时代，网络课程教学资源备受师生青睐。网络课程就是以信息化技术为基础，通过网络的形式来传递某门学科的内容及教学活动的总和。网络课程教学资源主要包括两个方面的内容：①按照特定的教学目的、策略进行组织的教学内容；②网络教学环境。其中，网络化的教学环境主要包括进行网络教学的软件工具、教学资源和利用信息技术进行的教学活动。网络课程的出现是时代发展的必然，也满足了人们终身学习的需要，给学习者提供了无穷无尽的学习资源。

第三，教学资源的获取。不同类型的教学资源，获取的方法各不相同。

一是文本素材的获取。在实际应用中，文字输入主要采用人工录入，使用手写汉字识别系统输入，用扫描仪或语音识别系统进行输入等方式，然后用文字处理软件进行编辑整理。目前文字的输入还可利用文本抓取工具（如Snagit）。用它抓取的文字可以在任何 Windows 文字编辑器中进行编辑。

二是图形、图像素材的获取。图形、图像的采集主要有：用扫描仪扫描，用数码相机拍摄，用数字化仪输入，从屏幕、动画、视频中捕捉和用工具软件创作。

三是音频素材的获取。音频素材的采集和制作有以下几种方式：①通过计算机的声卡，从麦克风中采集语音，同时生成 WAV 文件。②通过计算机声卡的 MIDI 接口，从 MIDI 输出的乐器中采集音乐，形成 MIDI 文件。或用连接在计算机上的 MIDI 键盘创作音乐，形成 MIDI 文件。③用软件合成或转换。使用专门的软件抓取 CD 或 VCD 光盘中的音乐，生成声源素材，再利用声音编辑软件对声源素材进行剪辑、合成，最终生成所需的声音文件。或通过软件将声音文件转换成所需格式。

四是视频素材的获取。已有的视频素材，如果是数字化的素材，可将其直接存入教学资源库；如果是非数字化的，可以通过视频采集设备将其转换成数字资源，再存入教学资源库。

五是动画素材的获取。动画根据表现形式可分为二维动画和三维动画。三维动画立体感强，动画效果逼真。从生成的角度来看，制作三维动画要比制作二维动画复杂些，要考虑诸如灯光、摄像机镜头等诸多因素。相对而言，二维动画比较容易制作。动画制作软件很丰富，常用的有 Flash（二维动画）和 3D Studio Max（三维动画）。

第四，教学资源的建设要求与要点。

一是信息化教学资源存储的要求。在获取了大量的教学资源后，就需要对其进行分类存储。教学资源的存储必须满足五方面要求：①存得上。就是要具备完备的资源收集提取策略。②找得到。要求对资源有科学的描述，为资源的提取提供方便。③读得出。对找到的数字资源，还要能方便地将资源还原呈现出来。④信得过。让资源的托管者、资源的管理者和资源的使用者都确认系统是可信的。⑤用得起。教师在选择资源、建设系统时，应该考虑到学校的经济实力，即必须保证能用得起这个系统。资源使用成本包括系统建设成本和运行维护成本。一般情况下，运行维护成本远远高于系统建设成本。它是影响系统能否持续运行的关键因素。

二是信息化教学资源库开发的基本原则，具体包括：①教学性原则。信息化教学资源的开发首先要满足教与学的要求，要能够解决教学过程中出现的问题，补充教材资料的不足；同时，信息化教学资源的使用要符合教学进程的安排，教学信息的呈现也要符合教学的原理。②科学性原则。信息化教学资源的开发必须符合科学性原则，要能准确地反映科学文化知识，内容真实，不断更新学界的研究成果。③开放性原则。信息化教学资源的出现就是为了将数字化资源以教学素材的形式提供给教师和学生使用，因此教学资源不仅要形式多样、内容充实，还应尽量把师生的研究成果也纳入教学资源库中，供全校师生参考。④通用性原则。信息化教学资源将目前最新的数字技术和资源设计构想融合在一起。针对相应的技术标准规范和高校的教学情况，新开发的信息化教学资源要能够满足不同的教学情境和学习方式。⑤层次性原则。信息化教学资源在利用过程中应该实行模块化的管理形式，这种管理让学习者可以根据自己的知识掌握程度和学习的需要便捷地提取学习资源，也能帮助学习者对不同的学习资源进行重组，可以最大限度地发挥学习者的个性化潜能和提高学习材料的利用率。⑥经济性原则。信息化教学资源的开发还应该突出经济性的原则，要在较少投入资金的情况下开发出质量更高的教学资源。此外，在开发过程中，要强化对现有资源的数字化改造，避免重复建设教学资源而造成浪费。

三是信息化教学资源建设的要点。①确定资源库结构。资源库结构的确定，应充分考虑资源数量、类型和扩充性等因素，选择能呈现多种教学信息的多媒体数据库，使教学资源的开发做到低费用、高效益。②积极利用已有的教学资源。自改革开放以来，我国的教育技术取得了很大发展，研制、开发和制作了大批丰富的音像、幻灯片、投影教材等教学资源。我们要充分利用这些已有的教学资源，来开发新的教学资源。③充分体现多媒体技术的特点。在信息化教学中，应根据实际需要来选择媒体种类，为学习者创设多样化的情境。利用友好的交互界面，激发学习者学习的兴趣，调动其参与学习的积极性。通过建设超媒体或超文本链接，提供多种教学信息结构，满足不同学习者的信息需求。④积极参加课题开发任务。教学资源的开发还可以申报国家、省教育部门课题以获得资助。通过这种方法来进行有组织的系统开发，充分发挥各自的领域优势，也有利于扩大教学资源开发的规模。

（2）高等教育信息化教学资源建设对策。网络技术的发展促使教育逐步走向社会化、全球化。信息化教育不仅使院校的教学资源得以深入挖掘，而且可以实现教育资源共享，为学生的个性发展提供了广阔空间。因此，信息化教育资源共享是教育信息化的一个重要组成部分，必须得到高度重视。

第一，建立信息化教育资源共享机制（见表3-2）。

表 3-2　建立信息化教育资源共享机制

机制	内容
激励机制	要想实现信息化教育资源共享的可持续发展，建立一套具体可行的激励机制是完全有必要的。 　第一，信用机制的建立。信用在任何时候、任何情形下都是人与人之间进行交流的首要要素，在信息化时代，信用显得更加重要。因此，高校要建立良好的信用机制，让共享的主体能在信息交流中感受到彼此的真诚，从而为往后的信息共享奠定牢固的基础。 　第二，合理分配利益机制的建立。在信息化教育资源共享的过程中，每个人付出的成本都不一样，因此获得的收益也就存在差异。高校在共享这些信息化教育资源时，要重视每个人存在的差异，如果忽视了这些差异，就会导致无效率的共享现象。所以，高校必须严格按照每个教职工的贡献进行合理的利益分配，这样不仅可以实现资源的有效共享，还能促进教职工建设信息化教育资源的积极性

机制	内容
激励机制	第三，多层次激励机制的建立。激励机制的建立不能泛化，而是要根据学校内部不同的层次进行调整。例如，对于学校的决策层，其激励机制是要让他们认识到信息化教育资源共享的必要性与紧迫性；对于学校的管理层，要让他们从共享信息化教育资源中感受到益处；而对于学校的教师和学生，要奖励他们的积极行为，调动他们为共享信息化教育资源做出更多的贡献。 第四，激励机制的建立要多元化。每个人对信息化教育资源的需求都不同，这种差异的存在也会影响人们对信息化教育资源共享的参与动机。想要调动人们的参与性，就要根据人们的需要进行不同的奖励，因此，激励机制的建立要更加多元化，才能有效促进信息化教育资源的共享。 第五，评价机制的建立要更加科学合理。对于信息化教育资源共享的评价要真实、客观，要能合理地反映信息化教育资源共享的程度与成效。此外，评价机制作为一种规范标准，必须有明确的目标，要可测量，并且能够随时被观察到，只有这种评价才能真正成为信息化教育资源共享的制度保障，实现信息化教育资源共享的长足发展
长效机制	任何事物想要呈现一种良好的运行状态都需要一个漫长的过程，信息化教育资源共享体系的建设也不能一蹴而就。 第一，在建设信息化教育共享体系的时候必须有恒心，高校应该明白共享体系的建成并不是一朝一夕的事，而是一场持久战，要打好这场持久战就必须有耐心，付出足够的心血。信息化教育资源共享机制的建立需要反复实践，不断创新，并且要有明确的目标与方向，就算共享机制形成了，也要精心维护，保证其时效性。 第二，信息化教育资源共享体系的建立要有计划地推进，要按照目标一步一步地进行，遵从循序渐进的原则。在开始建设时，起步不要太高，要缓一点、稳一点、根据现有的条件和标准有步骤地进行，当然，在建设到一定程度时，要适度调整步伐，加快发展，促进其向更高层次迈进。 第三，信息化教育资源共享体系的建设工程量庞大，因此，要十分重视机制的建立，除了前面提到的激励机制，创新机制、目标管理机制、组织保障机制等的建立也是重点。在建设共享体系时，要加强对体系建设的领导，要不断提升建设主体的素质，根据快速发展的社会调整建设步伐，积极探索解决问题的策略和方法，并预防可能出现的问题。 第四，在信息化教育资源共享体系的建设中，必须将实事求是的原则贯穿始终，不管是建设的制度、方法，还是建设机制都必须立足实际，保证其可操作性。此外，在坚持实事求是的同时，也要看到信息化教育资源的发展机遇，要让人们看到共享体系建设后带来的好处，从而积极地投身于共享建设中，建立起建设信息化教育资源共享的信心，并将这种信心转化为实际的建设力量

第二，构建信息化教育资源共享的不同模式（见表 3-3）。

表 3-3　构建信息化教育资源共享的不同模式

模式	内容
校际交换模式	校际交换模式包括以下两种： 第一，垂直型共享模式。垂直型共享模式也被称为纵向共享模式，是指高校或者教育组织内部不同层次之间的信息化教育资源的共享。这种共享模式有一个中心馆，各下级部门都要与这个中心馆相连，并使用馆中的信息化教育资源。由于这种共享模式中的各个部门之间存在隶属关系，因此十分便于组织，但也存在一些不足的地方，一方面是纵向型的结构本来就具有封闭性，并不会使用其他信息系统的资源；另一方面是有的成员之间存在一定的距离，馆际互借会浪费时间，成本也较高，因此这种模式受限于时间和空间。 第二，水平型共享模式。水平型共享模式也被称为横向共享模式，是同一个地区内不同的学校或教育组织之间的信息化教育资源共享。目前，这种模式是信息化教育资源共享中最常见的。但是如今这种模式却存在发展危机，因为各高校或教育组织都有自身的隶属关系，校际合作也变得不那么紧密，彼此缺乏强烈的合作动机与倾向，就难以实现信息化教育资源的共享，因此，各大高校应该认清自身的发展情况，积极与其他高校实现有效的资源共享
卫星电视直播模式	计算机、电子教室和校园网在信息化教育时代是必需品，高校在使用这些工具与卫星宽带网相接时，还应安装网络教学资源的管理与应用平台，并进行维护，从而推进并加强高校信息化教育资源与教育部或区域教育中心的资源共享。卫星电视直播是信息化教育资源实现共享的有力手段，与地面网络相比，其优越性主要表现在：覆盖范围广，广播性能十分突出；网络主持灵活，不受地理条件的限制；经济效益高，建设速度快；具有较强的链路性能，能够推广多元化的多媒体应用；对宽带的使用灵活高效，并能有效地对其进行拓展等
互联网（Internet）模式	Internet 模式包括以下两种： 第一，校园 Internet 内共享。校园 Internet 内共享是目前大多数高校的校园网所采用的模式，校园网内的用户可以根据相同的操作方式共享信息化教育资源。建设好校园网上的信息化教育资源共享体系，能够帮助师生在传统教育之外，运用网络教学资源提升教学质量，弥补传统教学资源的不足。学校的校园网能够高效地将整个学校的各领域资源都集中起来，并且提供相应的使用平台，满足师生实现信息化教育资源的共享。 第二，通过 Internet 共享。在信息化时代，无论是哪个地区的学校都能够直接运用 Internet 进行信息化教育资源的共享。数字技术的发展拓宽了信息化教育资源共享的范围，也使得用户数量不断增加，因此，信息化教育资源的利用率也更高，从而信息资源的共享也变得更加可观。各高校可以根据本校的实际情况，在了解、调研其他学校的同时，签订优

续表

模式	内容
互联网（Internet）模式	质资源交换共享的协议，这样不仅加强了高校间的友好关系，更重要的是可以让彼此向更好的方向发展，实现优质竞争。在签订协议后，高校教师可以利用 Internet 共享相关学校的教育资源，并运用到教学活动中。此外，在网络上建立交换系统，还能实现对东西部学校的扶持，从而让我国的信息化教育得到更好发展

二、高等教育治理的质量监控体系创新

高等教育教学质量监控体系的优化是一项全过程、多层面的伟大工程。只有紧跟时代发展，树立牢固的质量意识和责任意识，全员参与、全程监督、全面发展，狠抓落实、循序渐进，才能推动高等教育教学质量监控体系的改革创新发展。

（一）高等教育治理的质量监控体系问题与原因

1.高等教育治理的质量监控体系问题

（1）质量监控标准的问题。我国高等院校的教学质量监控体系还存在着一系列问题，主要有以下三个方面：

第一，高等院校教学质量监控的目标缺乏系统性。在分析部分高校教学质量监控的目标后发现，许多高校设置的监控目标缺乏一定的系统性，主要表现在四个方面：首先，总目标与分目标之间没有相关性。人力、财力及物力等资源没有得到合理的规划，无法统筹各个部门和教学单位开展教学质量监控工作。其次，目标不具体。总体上看，各校的教学质量监控目标都存在形式化现象，监控工作浮于表面、流于形式，只是走过场，并未真正落到实处，获取到的信息无法保证其准确性，执行力不足。再次，目标分散。部分高校采取的依旧是传统的教学质量监控体系，注重知识的输入和输出，忽视了教学过程的监控。最后，目标缺乏系统性。由于没有系统的目标，高校的教学质量监控体系过分注重教学的监控，忽视了实践环节部分。

第二，高等院校教学质量监控的标准被异化。我国部分高等院校的绩效管理，强调课程的评价体系，通过对教师进行评价，充分发挥评价的鉴定功

能，并对评价对象进行量化和排名，这种做法并不符合教学质量监控体系的指导原则，将教学质量监控看作是高校实施管理的工具，无法实现教学质量监控的诊断功能、激励功能、改进功能和导向功能，在一定程度上异化了高等院校教学质量的监控标准。如此一来，教师的发展也受到了阻碍，无法充分发挥教师的明辨能力，不利于教学质量的提高。

第三，高等院校教学质量监控的岗位职责模糊。为切实做好高等院校的教学质量监控工作，有关部门和人员必须按照责任义务严格落实相关工作，更好地开展相关监控活动，不断提高教师的积极性，提升教学质量。但实际情况是，高等院校制订的教学质量监控体系中的人员岗位职责并未充分明确，没有遵循"全面、全员、全过程"的基本原则。工作人员没有正确认识到自身的职责，只将教学监控活动局限于师生之间，无法促进教学质量监控的发展。教学质量监控工作本应贯穿于整个教学过程，但由于监控目标不明确，导致信息的搜集和反馈不及时，评教制度、评价制度等都不够完善，没有真正把教学质量监控活动落到实处，带有极强的主观性，难以将监控工作贯彻执行。

（2）质量监控运行的问题。高等院校教学质量监控在运行过程中主要存在以下三个问题：

第一，学生参与程度较低。在我国高等院校的教学质量监控过程中，教师受到了足够的重视，但学生群体却一直没有充分参与到监控过程中。许多高等院校都认为，只要有了综合素质过硬的师资队伍，就能够有效提高教学质量。但教学质量的高低，其根本是以学生的全面发展为衡量标准的。因此，教学质量的监控也应该充分考虑到学生在教学过程中的信息反馈作用。然而许多高等院校都并未意识到这一点，无法实现高校的自查整改，走入了教学质量监控的误区。有部分院校虽然在教学质量监控的过程中引入了教师和学生，但在信息的反馈方面只集中在教师的教学设计和教学的完成程度方面，忽视了学生在教学监控过程中的自主性和积极性。事实上，高等院校教学质量的监控体系并未充分考虑到教师和学生在教学过程中所扮演的重要角色，没有充分调动师生的积极性。在进行相关制度的制订和活动开展时，没有详细规划，没有持续提升教学质量，无法提高教学质量监控的实效，进而无法提升高校教学质量。

第二，信息运行机制不完善。在开展教学质量监控相关活动的过程中，由于受到信息差的影响，收集到的信息无法保证真实性，没有给予及时的反馈。此外，教学质量监控收集到的信息覆盖面小，没有对相关信息反馈有足够重视。由于不完善的信息运行机制，也造成了元监控（对教学质量监控的监控）不足。高等院校无法根据这些部分信息做出合理的判断和及时调整，是否符合自身的发展情况，是不是合理的监控流程，是否能够取得满意的监控效果等一系列问题，都会严重阻碍教学质量监控体系的正常操作。

第三，监控的反馈落实不够。教学质量监控是为保证教学质量而开展的，能够更直观、全面地查找教学过程中存在的问题和困难。但部分高等院校的教学质量监控中的诸多反馈信息却流于形式。首先，学生在进行评教时，多数采取分数或者等级的形式，学生提出的一系列整改意见和建议，都未真正出现在监控职能部门层级；其次，在收集教学质量监控相关信息时，没有对信息进行分门别类，便将其直接传递给师生。因此，师生在接收到相关信息后，也无法科学地筛选出有用信息，甚至还会产生消极的影响，例如教师可能会认为评教分数低的学生不认可自己。与此同时，笼统的反馈信息使教师难以找出教学的薄弱环节，也就无法采取针对性较强的改进策略。

2. 高等教育治理的质量监控体系问题成因

高等院校教学质量监控问题的成因主要有以下方面：

（1）质量监控的理念落后。我国部分高等院校的教育质量受传统教育观念影响较大，没有因为高等院校教育的不断发展及时作出完善，导致教学质量监控体系发展停滞不前，现象百出，主要表现在三个方面。第一，各高等院校普遍对教学质量监控的重视程度不够，只求其有，不求其质。有些高等院校仅仅开展了常规性的教学评价工作，而且评价程序欠缺规范，评价方式缺乏多样性。教学评价体系系统性不足，缺少专门的信息处理手段，评价信息和数据缺乏准确性，无法充分发挥教学质量监控体系的作用。第二，教学质量监控并未真正执行"监控"任务，部分高校对教学质量监控体系的使用集中在"评价"，而非"监控"。然而，监控真实有效，才能对教学过程展开科学合理的评价。没有完善的监控制度体系，难以收集准确、全面的信息，延长了信息处理的时间，教学评价的延续性受到破坏，无法实现常态化、制度化。第三，许多高等院校在设置教学质量监控体系时，盲目照搬其他学校的监控体系，没有充分结合自身的办学理念和特点，无法促进教学质量监控体系的发展，进而也无法实现教学质量的提升。

（2）质量监控存在缺位和失衡。我国高等院校教学质量的监控体系的缺位和失衡现象较为明显。

缺位主要是指制度和机构的缺位。制度缺位指高等院校在制订教学质量监控制度时，虽然结合了自身的实际情况，但在真正的实际过程中，相关部门和教学单位只停留在表面，应付完检查之后便不再严格按照制度落实。在出现监控不力的现象时，也会受到各种人为因素的影响，没有采取"就事论事"而是"就人论事"的原则，将监控制度视为无物，无法保证制度的威严，规章制度并未有效发挥制度的约束作用。另外，机构缺位主要是指各监控机构专业性不足，职能体系不健全、无法体现自身特色等实际问题。高校的各个监控职能部门没有清楚认识到各自的职责，没有充分发挥各自的作用。例如，各教学单位是教学基层单位，其教学过程的组织、教学计划和教学管理等方面在提升高等院校教学质量的过程中应发挥关键作用。建立学院（系）层面的教学质量监控和评价体系，能够对教学质量进行更微观的监控和更准确的评价。然而，实际情况是少有高校成立相关的教学质量监控和评价机构。

高等院校教学质量监控的"失衡"主要表现在以下方面：首先，过于重视理论教学的监控，缺乏实践教学的有效监控；其次，过于重视课堂教学的监控，缺乏对其他环节的监控，无法真正将教学检查落到实处；再次，过于重视监控教师，缺乏对学生的严格监控；最后，过分重视教学的水平和实际教学效果的监控，缺乏教学综合素质和能力的监控。

（3）质量监控缺乏长效机制。高等院校教学质量监控长效机制的缺乏主要分为职责分工不明和效果反馈滞后两个方面。

在职责分工上，高等院校的教学质量监控相关部门没有认清教学质量监控的各种职责，没有摆正作为监控人员的位置。相关工作人员日常工作烦琐，没有过多时间开展教学质量监控工作和相关研究。许多管理人员还保留着传统的教学观念，认为教学质量的高低由教师决定，管理人员只是辅助教师开展教学活动，这种旧有的观念使相关管理人员在开展教学质量监控活动时过于懈怠。管理人员在教学质量监控过程中的职责履行会受到其知识水平、教学观念和综合素质的综合影响。此外，学校与各基层教学单位的关系也没有得到充分的厘清，没有呈现出各教学单位的独立性和自主性。许多高等院校在开展教学质量监控活动时，既采取了宏观手段，又从微观层面对各单位的教学过程加以干涉，无法充分发挥各基层单位的自主性和积极性，严重阻碍了各单位教学质量监控活动的开展，也无法促进教学质量的提升。

高等院校教学质量监控效果反馈的滞后主要表现在，没有对出现的问题进行及时反馈、验证和解决，导致旧有的问题频繁发生。高等院校的教学质量体系在监控教学时只停留在发现问题环节，没有对问题产生的原因进行深入分析，更没有探索解决问题的有效途径。不但没有及时反馈问题，使问题延续周期较长，而且缺乏对问题的跟踪验证。高等院校对教学质量监控中存在的问题也没有采取科学合适的解决方法，没有将问题具体落实到单位和个人，难以追究相关责任。由此导致教学质量监控的效果不明显，随着高等院校日常事务的开展，对教学质量监控活动的重视程度也在逐渐降低。

（二）高等教育治理的质量监控体系建设

通过在实践过程中不断探索、积累经验，各大高校都已建立起符合高等教育发展特点和需要的教育质量监控体系。

1.高等教育治理的质量监控组织建设

根据我国目前的教育发展实际情况，可以将高校的教育质量监控体系分为三个层次：校级教学质量监控机构、学院（系）教学质量监控机构、教研室。

校级教学质量监控机构主要由校长、指导委员会和教务处三者构成，是整个教学质量监控体系的"核心"。它对学校开展的教育工作作出整体的把控和监督，制订相应的教学质量监控方案和措施，既对各教学单位的教育质量展开科学合理的评估，也能为师生在教学过程中遇到的问题提供咨询和帮助。在这个组成结构中，教务处是教学质量监控活动的主要行为机构，对教学工作监控起到了重要作用。

学院（系）教学质量监控机构由专业指导委员会、院长（系主任）以及教学主任等人员组成，是整个教学监控过程中的主体。其在监控过程中主要是对各专业的教学计划和安排进行检查，教学环节是否合理、教学计划是否完善、教材是否符合课程内容，还包括对教学计划和教学大纲的审核。

教研室在监控环节中主要开展基础性工作，如检查各教学环节的过程和教学效果，收集相关信息并及时给予反馈总结，开展各式各样的活动等。

我国高等院校的教学质量监控体系有四个特点：第一，高等院校教学质量监控体系分为三个层次，因此传递教学信息所需时间较长。教学信息需要经历多个步骤传递给学生，在这些过程中，无法保证信息的准确性和时效性，也会影响教学质量监控的效果。第二，在各大高等院校中，并未设立专门的对教学质量监控的相关组织，只是依附于教务处下设的一个科室。教学质量并未引起高校的足够重视，各教学单位也没有牢固树立主动监督和评估教学质量的意识，只是被动地按照教务处下发的文件和通知开展相关监控工作。第三，多数高等院校在开展教育质量监控工作时，并未将师生这两个重要角色涵盖在内。教学活动是教师和学生共同参与的，因此教学质量的监控也离不开教师和学生的参与。但实际情况是，教师和学生对于教学质量的重要作用并未充分发挥，监控效果也不明显。第四，高等院校的教学质量监控大都是"主管教学校长—教务处—学院（系）主管教学主任—教研室"的管理模式，形成了一个意向、封闭的监控模式，只能对相关信息完成一次性传递。

2. 高等教育治理的质量监控制度建设

高等院校教学质量监控制度建设，主要由常规教学制度建设、教学督导制度建设以及教学信息反馈制度建设三部分组成。

（1）常规教学制度建设。常规的教学制度包括与教学要求和教学方式等方面相关的制度，主要起到规范高等院校教学形式的作用。目前我国高等院校的常规教学制度主要集中在教师的管理和教学两个方面，并未涉及过多的评价体系和各类工作人员的职责问题。一部分高等院校虽然制定了相关完善的常规性教学制度，但并未充分发挥各部门之间的协调作用。高等院校的各职能部门主要职责是管理，各教学单位的主要职责是教学。因此，各职能部门所提出的相关意见和建议，必须结合各教学单位的实际情况，而各教学单位在教学过程中遇到的困难和问题，也应该参考各职能部门的意见解决。

（2）教学督导制度建设。由于教学督导工作在我国各高等院校开展的时间并不长，在社会快速发展的背景下，更应不断加大教学督导的力度，这是完善高等教育质量监控体系的重要途径。要保证教学督导取得成效，需要制定科学合理的教学督导制度。为了促进高等院校的教学质量不断提升，各高等院校都根据各自实际情况构建出了相对完善、具有特色的教学监督制度体系和规则。这些规则主要是以校规的形式呈现，包括教学督导的理论指导、工作目标、工作原则、督导方式以及教学督导员的选聘、职责和考核制度等方面内容。通过建立健全督导体系，不断规范教学工作的开展，保证教学工作的质量和成效。部分高等院校的教学督导人员主要由学校的离退休教师担任，这些老教师教学经验丰富、对工作尽职尽责，但其采用的督导形式主要以听课为主，在各方面迅速发展的形势下显得较为单一。作为听课对象的年轻教师也会压力倍增，失去自信和动力。因此，在教学督导团队成员的组建上，可以吸纳更多的角色（如行政人员、后勤工作人员、学生等）参与进来。

（3）教学信息反馈制度建设。教学信息反馈制度对于提升高等院校的教学质量也起到举足轻重的作用。各大高等院校也应对教学信息反馈制度有足够重视，并不断加强和完善其制度建设。通过开展座谈会、反馈信箱和面对面交流等形式，高校对被评教师的教学工作开展、教学质量、教学过程等方面都有了相对全面的了解，并督促被评教师不断改进和提升，有效提高了教学质量和成效。此外，各校也充分利用现代信息化技术手段对信息进行全方位、多角度的搜集，并给予及时反馈，如时下流行的网上问卷测评等形式。但无论是采取传统常规的方式还是网络形式搜集信息，都必须保证信息的真实性、可靠性，并对这些信息进行分析整理，及时反馈，将教学过程中存在的问题切实解决，不断提高教学质量。

（三）高等教育治理的质量监控体系改革创新

高等院校教学质量监控体系的优化过程是一项全方位、多层次的系统性工程。要推进高等院校教学质量监控体系的不断发展，只有与时俱进，牢固树立创新意识，形成"全员参与、全程覆盖、全方位育人"的教育模式，由浅入深，循序渐进。

1.把握教学质量监控的核心理念

把握好教学质量监控的核心理念，要做到以下方面：

（1）树立牢固的质量意识。构建高等院校教学质量监控体系的终极目标是不断提升人才培养的质量，体系中的各个环节和方面都要根据这个目标展开。在运行高等院校教学质量监控体系时，要对体系中出现的问题和现象不断反思，积累经验和教训，及时发现问题并做出正确调整。此外，构建高等院校教学质量体系也要将人才培养的质量和效益有机结合起来，以学生、家长和企业的就业满意度作为参与，检验教学质量监控体系是否真实可靠。

（2）明确教学质量监控的目标和标准。在开展高等院校教学质量监控活动时，相关部门的管理人员都要对各自的职责有精确的定位和明确的目标。高等院校可以按照现有的教育相关制度和理念，结合自身的特点有针对性地制订出教学质量监控的总目标和各个分目标，并将各个目标落实到各个职能部门。高等院校要进一步把各部门的工作职责和制度规划清楚，以免引起不必要的资源浪费。此外，高等院校在开展教学质量监控活动时，必须有清晰的标准，包括动态标准和静态标准。动态标准主要体现在活动开展的过程中，静态标准主要体现在活动的结果上。例如在对学生进行监控时，目标体系既要涵盖学生对教学的满意度，也要将教学育人的成效包括在内。标准除了要有稳定性，也要对其及时进行调整和完善。在完成一个监控周期后，要根据监控结果所体现出的问题及时地对监控标准做出调整。

（3）结合教学规则创新。规则主要是指高等院校在教学质量监控体系的构建过程当中，要按照一定的规则对各项工作的流程提出明确要求。要不断推进教学质量监控活动的开展，首先要在全体教职工和学生群体当中，牢固树立起规则意识，以规则作为行动引领，所开展的一系列相关工作都要依据此规则。创新是指高等院校要不断对自身的教学质量监控体系进行创新性的改进，在结合自身特点和借鉴其他高校的有效经验的基础上，不断完善自身的监控体系。各个高校的监控体系会受到高校自身特点的影响。因此在构建监控体系时，不能盲目照搬其他高校，要充分结合自身的办学理念和实际特点，以问题为导向，在遵守相关规则和发展规律的情况下，对监控体系不断地进行创新和完善。

2. 提高教学质量管理信息化水平

目前现代信息技术蓬勃发展，给各行各业都带来了实质性的影响。教学质量监控也要充分与现代信息技术有机结合起来，通过相关技术手段对信息进行科学的搜集和分析，不断提高监控成效。因此，高等院校在进行教学质量监控时，也要不断提高教学设施的信息化水平，结合学校特点，努力构建人才培养的数据采集和管理平台。数据采集与管理平台是体现高等院校人才培养实效的重要标准，能够将高等院校的办学情况和人才培养效果直观、全面地展示在大众眼前，学校能够更全面地掌握每个学生的就业情况，为高等院校监控教学效果奠定坚实的基础。

促进高等院校的人才培养数据采集与管理平台的建设，充分体现人才培养数据信息对教学质量监控的积极促进作用，主要可以从以下方面进行：其一，高等院校要不断对人才培养信息系统进行调整和完善，及时更新相关数据，确保数据的准确性和时效性，教学主管部门系统的相关数据和校内平台的人才数据需要保持一致。因此，要努力组建一支高水平的信息人才队伍，为学校开发出人才培养数据系统，同时要结合自身的实际情况，不断完善系统功能，及时整理、补充、完善相关数据，构建起科学合理的质量预警体系，减少影响人才质量的不利因素。其二，高等院校要不断优化和完善信息的收集方式，制定科学有效的信息收集制度，努力从数据源头采集第一手数据。构建人才数据库，从原有的走过场的数据采集形式逐渐转变为主动采集并持续完善的形式，从容应对数据的缺陷和不足。此外，要结合实际情况制订出科学有效的数据处理制度，对收集到的数据进行科学正确的分析和整理并不断改进，对各教学单位的人才培养效果作出科学客观的评价，形成"实时、动态、共享"的数据评价体系，不断促进教学质量监控体系的发展，切实提高教学质量。

3. 培养高等教育的质量文化

在实际的教学实践中形成，学校所有成员普遍认同，科学稳定的群体意识、目标、标准和评价体系的集合，称为高等教育质量文化。高等教育质量文化的发展已经逐渐成为高等院校教学质量监控体系的一个重要方向。高等教育的质量文化呈现"金字塔"结构，从上到下依次主要是：精神文化、制度文化、行为文化和物质文化。

　　因此，要培养出高质量的高等职业教育文化需要重点从四个方面着手：首先，发扬物质文化。高等院校的物质文化层面涵盖范围广，具有职业导向，主要分为校园设施文化和校园环境文化，体现出学校的办学理念和综合水平。校园的设施文化主要指学校的各类建筑、装饰等蕴含的文化，环境文化是指学校的生态环境、资源以及合格发展等方面的文化。校园的设施文化和环境文化都对高等院校的教学质量监控和人才培养起着积极的影响作用。其次，打造行为文化。高等院校的行为文化主要指各类活动，包括教学活动、课外活动、社会活动等形式。行为文化体现着学校的文化氛围和人文风貌。再次，凝练制度文化。制度文化能够约束高等院校的管理，使其不断趋于标准和规范。高等院校的制度主要包括各类组织运行机制和管理体系，是文化建设的重要组成部分。最后，弘扬精神文化。精神文化作为文化建设的核心，具有一定的隐现性，主要是指各种形态观念和心理建设。

第四章
高等教育管理体系及其活动

第一节　高等教育管理学与本质特点

一、高等教育管理学分析

一般而言，高等教育管理学是研究高等教育管理活动及其规律的一门科学。高等教育管理学是关于高等教育管理学的内涵、系统原理、学科体系研究的科学，是揭示高等教育管理学科内外部规律的科学。从学科研究的基础来讲，它是以高等教育的实践活动为研究平台，运用系统的理论研究方法对管理学进行研究，对高等教育实践活动中的规划、组织、协调、控制，在理论上予以阐述。从学科的结构和内容来讲，它既具有教育学方面的属性，又具有管理学方面的属性；既有教育科学的社会属性，又有管理科学的自然属性。高等教育管理学是一门应用型科学，是教育科学、管理科学和其他技术科学的理论与方法在高等教育实践活动中的应用，因此高等教育管理学就是研究这种应用规律的科学。

从学科的层次来讲，高等教育学是教育学学科中的二级学科，高等教育管理学是高等教育学研究领域的分支学科。它有两重属性，是管理学科中的一个分支。所以，从国家学位授予的规定来看，对于这一学科的教育，特别是在本科教育中，没有严格的教育学和管理学之分，而在研究生教育中，则主要把它放在教育学学科中。从管理的特性方面讲，在管理学科的研究中，管理的属性体现在高等教育的活动中，具有教育的专业性，是一般管理理论与教育平台的有效结合。实质上，高等教育管理学的实际落脚点应该是在管理上，专业方面是教育学的问题。虽然，有些研究资料及教科书是从学科理论体系进行研究的，如研究学科的科学含义与特性、学科的理论体系与知识结构、学科的内容与系统联系、学科的建设与学科的发展等，这是走的学科系统理论的研究道路。从学科的特性出发，特别是从它的实践性来研究高等教育管理活动及其规律，是否对高等教育的管理活动具有更积极的指导意义，这属于更深入的专业层次研究的问题。

如果从课程的地位来讲，它是高等教育学相关专业的一门主干专业课。高等教育管理学是高等教育学专业教学活动中的主要课程，是高等教育专业和其他学习研究高等教育管理人员的必修课程。无论是高等教育学专业，还是高等教育管理专业或研究方向，如果缺乏高等教育管理学的这些知识，就没有这一专业的基本属性，缺乏学科基本层面上的支撑，所以，它是高等教育管理专业的基础课程，是引导高等教育管理人员进行研究的一条基本线索。高等教育管理学所具有的科学性表明，它是一门集人文科学与社会科学于一体的交叉应用科学，是用相关知识构成的体系对高等教育管理的本质、目的、原理和方法的理论探索与实践研究。高等教育管理学是研究高等教育管理活动的一门科学。

高等教育管理学是教育学领域的分支科学，通过对高等教育管理活动现象和问题的研究，揭示高等教育管理活动的一般规律，是高等教育学研究的具体领域之一。教育规律是教育、社会、人三者之间和教育内部各因素之间内在的本质的联系和关系，具有客观性、必然性、稳定性、重复性。例如，教育与社会的经济、文化、人口之间的关系，教育活动与人的发展之间的关系，教育、教学活动中智育与德、体、美、劳之间的关系，教育者的施教与受教育者的受教之间的关系，学生在学习活动中的学习动机、学习态度、学习方法与学习成绩之间的关系等都存在规律。高等教育学是以人为中心的，研究人的高级社会化活动的生理、心理过程。那么，这些过程的实施只有通过有效的管理才能实现，只有通过高等教育的管理，运用管理学中的基本方法和手段（数学、生物、计算机技术等自然科学的手段和技术方法），达到高等教育的目的，才形成了高等教育管理学。

二、高等教育管理的本质特点

管理一般是指在特定的环境下，对组织所拥有的资源进行有效的计划、组织、领导和控制，以便完成既定的组织目标的过程。我们在学科体系的理论研究中也提到过，管理是人们依据社会发展的客观规律和在特定历史条件下对各种规律的表现方式，进行有意识地调节社会系统内外的各种关系和资源，以便达到既定的系统目标的过程。"高等教育管理是根据高等教育的目的和高等教育发展的规律，合理整合、分配和协调高等教育系统内外的各种关系和资源，以实现既定的高等教育系统目的的过程"[①]。其本质在于对高等教育各要素资源进行优化配置，实现高等教育管理效能最大化，为全面提高高等教育质量、培养高素质人才服务。高等教育管理成为提高高等教育效益与质量，促使高等教育适应社会发展的重要环节和手段。

从教育管理的层面上讲，高等教育是中等教育基础上的教育，因此，它是指高等教育这一特殊的专业层面上的管理。从管理的分类上讲，可以分为宏观高等教育管理和微观高等教育管理。从管理的内容上讲，可以分为宏观高等教育管理中的战略规划管理、宏观调控管理，微观高等教育管理中的教育组织内部的具体教育管理活动。

高等教育管理活动的依据是高等教育的目的和发展规律。高等教育的目的是为社会提供各级各类的高级专门人才，各级各类高级专门人才的教育是指：在类别上分为普通高等教育、成人高等教育；在性质上分为公办高等教育、民办高等教育；在层次上分为专科教育、本科教育、研究生教育。这些教育的目的和目标是管理的根本依据。高等教育通过德育、智育、体育、美育等过程，培养全面发展的人。只有把人作为社会关系的总和来看待，才能对人的发展有全面的理解。因此，各级各类教育过程都有其自身的客观内在规律，只有正确认识它们的客观规律，才能实施科学管理。高等教育必须受到一定社会的经济、政治、文化制约，并为一定的经济、政治、文化发展服务。因此，生产力和科学技术的发展水平，社会制度、文化传统都对高等教

---

① 刘卫平.高等教育柔性管理范式及其实践策略 [J].大学教育科学，2014（3）：43-48.

育活动产生制约；无论是国家宏观的高等教育发展政策的制定，还是高等学校培养人的过程，都必须遵循高等教育的目的和高等教育发展的客观规律。这也是高等教育管理的出发点。

高等教育管理的任务就是有意识地调节高等教育系统内外各种关系和调整高等教育资源，以适应高等教育系统发展的客观规律。从一个国家或者地区来讲，高等教育系统是国家或者地区社会系统中的一个子系统；从高等教育组织系统来讲，高等学校也是一个社会子系统。由于系统中存在多种矛盾，因此，高等教育管理的任务就是协调并最终解决系统中的矛盾。在高等教育管理中，要用系统论的眼光来设计高等教育的整体和各部分之间、要素与要素之间、学校系统与外部环境之间、学校系统内部子系统之间的相互关系，树立整体的观念，并通过有效的管理实现系统要素间的整体优化。

高等教育管理的结果是不断促进高等教育系统目标的实现。高等教育管理的目的最终也只是高等教育目的的一种辅助性（工具性）目的。在高等教育系统中，培养人的目的是高等教育的根本目的，高等教育系统的一切工作（包括管理工作）都必须围绕这一目的展开，对高等教育系统中各种关系和资源的协调构成了高等教育管理的目的，它的目的是通过有效的管理，确保高等教育实质性目的的实现。因此，高等教育管理最终也只是手段。当然，由于高等教育管理有其自身的需要，其自身也有目的，如效率就是管理的目的之一，但它是通过有效的管理来保证高等教育目的有效实现的。

综上所述，无论是宏观的高等教育管理，还是微观的高等教育管理，所依据的都是国家的教育方针，组织的发展目标，活动的规则，高等教育的基本规律，社会、经济、文化的发展背景与环境，通过立法、行政、经济、市场等手段进行协调和控制，保证高等教育人才培养质量、推动科学文化知识创新、促进社会进步等目标的实现，最终实现高等教育的可持续发展。

（一）高等教育管理的本质

在高等教育管理中，只要有事情发生，反映的都是事物的本质。只有从本质方面分析高等教育管理活动，才不至于做出错误决断。高等教育系统相对于其他社会系统有其独特的活动主体和活动目标，这就使高等教育管理同其他社会系统的管理区别开来，表现出它的特殊性。高等教育的总目标是培养高级专门人才和发展科学技术文化，并与社会经济发展的需要相适应。高等教育管理活动就是要在总目标的指导下，把对高等教育系统的战略规划、资源调配通过制度和机制进行协调。高等教育管理的本质就是协调高等教育系统有限资源的投入与高效益地实现高等教育总目标的矛盾。

无论高等教育有多么复杂，无论把高等教育系统分解为怎样的子系统，高等教育系统都必然要求各子系统在目标上协调一致。不仅要求每个子系统的目标与整体目标协调一致，还要求每个子系统的目标与自己内部组织成员的个体目标相互协调。更重要的是，每个系统的目标与实现这些目标的条件之间需要相互协调，这就形成了管理活动的整体性和普遍性，即每个系统都需要协调。高等教育系统内部的等级层次性导致了高等教育管理活动也具有层次性，这就形成了一个多层的、多级的、专门的分系统，即集合成高等教育的管理系统。协调就是蕴含于各个子系统之间，对各个子系统的目标进行设计，筹集和分配资源，分析系统的活动信息，即通过政策、制度和一些技术手段等协调系统成员的活动，以达到系统所设计的目标。从事这些专门活动的管理人员（或称管理者）的活动所构成的有机整体就是管理系统。

管理活动的普遍性（指管理活动作为人类活动的一个重要方面）存在于所构成的各种组织机构中。专门管理者的出现体现出社会系统在结构层次上的性质，表明个人在社会系统中具有的不同位置、作用和性质。在管理活动中人是管理的主体，权力是管理系统赖以存在的基础，权力对人的活动的约束性使人们按一定的方式组织起来，以便实现系统的整体目标，也在一定程度上体现了权力在协调中的作用。协调（或称调节）是指调整或改善高等学校与校外及校内各部门或成员之间各方面的关系。就一个国家和地区来讲，把高等教育放到社会的大背景中，政府对高等教育的协调促使高等教育的层次、规模、结构、水平、质量、效益的协调发展，与社会的经济、文化的发展相适应，如果不相适应，就必须进行协调。

就高等教育的组织——学校而言，它是高等教育系统的子系统，学校组织的类型因区域的差别、体制的差别、机制的差异、管理者的差异等出现差异，存在的矛盾多种多样，有总体目标与部分目标之间的、有长期规划与近期打算之间的、有整体利益与部门利益之间的、有组织利益与个人利益之间的矛盾，这些矛盾如果不加以协调和解决，就会影响高等教育系统的运行和发展，也会影响高等教育效益的最大化。高等教育的协调任务与高等教育管理的本质要求相一致，体现了高等教育管理的基本矛盾和本质特征。

在高等教育系统中，从宏观方面来讲，高等教育如何适应国家政治、经济、文化的发展，每一个发展时期如何规划，区域高等教育的发展、高等教育发展速度的快慢、高等教育的科类层次结构等的确定，不同的决策者及管理者会产生不同的意见，甚至矛盾。在微观高等教育管理中，学校教育都是非常具体的管理活动，对于学校如何定位、如何发展、如何运用学校有限的教育资源，在培养目标、课程设置、培养计划的拟定和实施、教学与科研活动的具体展开、各项工作的总结评价等方面都可能出现一些不一致和矛盾。要解决这类矛盾和冲突，最好的办法就是在学习和研究的基础上，对高等教育的教育思想、教育观念的大讨论进行认知统一。要提供公开交流的平台和场所，进行认知交流，认知融合，找到形成矛盾和冲突的原因，并进行消除和化解，使组织成员和冲突各方在观点上达成一致，或者提高他们的认识水平。

（二）高等教育管理的特点

1. 管理目标特点

高等教育系统目标的特殊性决定了高等教育管理目标的特殊性。高等教育系统的主要目标是根据高等教育的功能来确定的，因此，根据管理的功能与目标相应地提出了它的特定要求。高等教育管理的功能就是要通过计划、组织、协调、控制等，使高等教育更加符合社会发展的要求，符合社会生产力的要求，这种要求表现在教育的层次、结构、规模、质量等方面的目标。另外，在微观方面，高等教育管理要使组织中的每个成员按高等教育规律办事，更好地完成既定的目标。高等教育系统的目标是根据高等教育规律和社会发展对高等教育的需求来制定的，所以，高等教育系统的协调活动也应该以高等教育的规律为指导，而不能简单地照搬企业管理中的某些方式方法。从这个意义上而言，高等教育的微观管理是以更好地培养人才并且着眼于提高人才的质量为根本目标的管理活动，它不能，也无法以只追求经济效益为目标（更不能以只追求利润为目的）。与行政管理、企业管理等其他管理所不同的是，如何将社会效益和经济效益有机结合，纳入高等教育管理的目标中，正确地处理好社会效益与经济效益的关系，是高等教育管理者值得研究的，这也反映了高等教育管理目标的特殊性。

2. 管理资源特点

不论是宏观高等教育管理还是微观高等教育管理，高等教育管理资源要素的特殊性具体表现在以下方面：

（1）从高等教育管理的主体和客体，即从管理者和管理对象两个方面来看：一是组成高等教育系统的主体要素之一是教师，是掌握专门知识的群体；二是高等教育系统的主体成员之一是学生，是受过完全中等教育的青年，对他们的管理和协调方式要符合他们身心发展阶段的特殊性。正是由于高等教育系统组成人员的特殊性，管理中存在一种特殊的管理现象，这种现象强调和要求自我管理。

（2）教育投资与经费的管理是一项复杂的工作，不能用绝对的量化管理来处理，有时候投入产出还不能在短期内就见到成效，经济回报率可能很低。这就是高等教育的经费管理有别于企业管理、行政管理、经济管理等的特殊性。

（3）教学与科研的物资设备管理的特殊性，表现在这类资源不完全是生产性资源，这些物资设备是建立在教学科研功能上的，是为了完成教育教学实验实习、科学研究开发等，它不仅是一套设备，还可能是一个个教学实验和科学研究的基本平台。

3. 管理活动特点

高等教育管理活动的特殊性体现在高等教育组织管理的活动中，最主要的表现特点之一就是要协调学术目标与其他目标之间的矛盾。学术目标是一种高智力投入和高智力劳动的追求，除了个体的高智力劳动，还要强调高智力劳动的结合、高智力劳动者的团结协作。高等教育系统的主导性活动是创造知识、传授知识，高等教育所培养的各类专门人才和高等学校所提供的各种科技成果，主要是通过学术水平和应用价值的高低来衡量的，管理活动的学术性十分强，而这种学术性不可以用一般行政性的方法进行管理。

因此，学术目标的组织、协调、实现等是高等教育管理活动中的特殊矛盾，这就要求高等教育管理活动要重视学术这一特殊目标，使这一特殊的管理目标与学术目标相符合。高等教育组织中的教学活动是教与学的双边关系，高等学校师生是一个特殊的群体，在完成教学目标和管理目标的过程中，师生参与具体的教学管理活动，达到双边认知认同，教学民主显得更重要。大学教职工是高等教育系统中能动的力量，是实现高等教育管理目标的智慧源泉，要发挥他们的智慧和力量。学术自由是高等教育管理必须考虑的问题。高等教育系统中实行学术民主，将激发师生员工极大的能动作用，使大家从信任中受到鼓舞，在学术自由这个平台上施展自己的才华，在学校的管理活动中真正成为中坚力量。

第二节　高等教育管理的相关要素与过程

一、高等教育管理的相关要素

（一）高等教育管理的目标制定与实施

"高等教育管理目标是指在一定时期内，高等教育管理活动预期所要达到的目的或结果。高等教育管理者的职责就是，通过科学管理，充分调动广大高等教育工作者的积极性和创造性，高效地实现高等教育管理目标。"[①]任何社会实践活动都有预期的目标。不同时代、不同国家的高等教育目标有很大区别。高等教育目标受高等教育内部发展的制约，教育者的身心发展特点、高等学校教学规律、高等学校的办学条件等，都影响着高等教育目标的制定。高等教育目标是人们在高等教育活动之前对于活动结果的一种预见或构想，它指向未来而且是高度概括的。高等学校要制定自己的发展目标，包括经费筹措目标、教师队伍发展目标、学科建设目标、实验室建设目标等。必须注意的是，无论是何种类型和层次的高等教育目的和目标，都要依据国家的教育方针来确定。下面重点探讨高等学校培养目标。高等学校培养目标是依据

---

① 柯佑祥.高等教育管理[M].上海：华东师范大学出版社，2000.

高等教育的总目标来制定的，是高等教育总目标的具体化，也是高等学校的活动区别于其他机构的活动的根本标志，主要从以下方面实现：

第一，专业培养目标。明确专业培养目标，有利于高等学校有针对性地实施培养计划，教师便于按具体的目标去组织教学，使学生明确自己的成长道路，并使高等学校培养出社会需要的不同规格、专业对口或相关的专门人才。专业培养目标主要包括三个方面的内容：一是培养方向。培养本专业的未来职业定向人才。二是培养规格。未来职业对同类专业中不同人才在工作中所必需的有关理论水平或实际操作能力的要求有差异。文科的理论型人才、应用型人才，理工科的学术型人才、技术型人才（或职业型人才）和管理型人才都是培养规格的具体表现。三是规范和要求。对该专业培养的人才在政治思想品德、知识能力、身体和心理素质等方面的要求。专业培养目标是设计课程体系的直接依据和参照。为了便于操作，在设计具体的课程时，需要把专业培养目标进一步细化，将其转化为课程目标。

第二，教学目标。高等学校的教学目标主要包括：一是使大学生掌握本门学科系统的理论知识、技能技巧；二是提高大学生的学习能力、创新能力、实践能力；三是大学生通过理论知识的学习、能力的发挥，形成科学的世界观、高尚的道德情操；四是促进大学生树立正确的就业观念和良好的创业精神，为社会创造更多就业机会。学生学习科学文化知识，不仅能促使自己将来找到一个好的工作，更重要的还是为社会创造财富，推动社会进步。总而言之，高等学校通过教学帮助大学生掌握知识，发展智力、能力，提高品德修养水平，更新观念，促进大学生素质的全面发展，从而实现培养目标。

大学生知识的掌握、能力的发展、品德修养水平的提高、就业观念的更新是相互联系、相互制约和相互促进的。所以，在高等学校教学活动过程中，我们要正确处理专业知识与基础知识、知识与能力、教学与教育（教学的教育性）、学习与就业等之间的关系，坚持知识的博与专相结合，既传授给大学生专业知识，也使大学生掌握其学习的方法，获得运用知识的技巧；使大学生在教学过程中，既学会了专业知识，也成为一个思想品德水平高的高级专门人才和社会公民。使大学生既是未来社会的就业者，也是未来社会岗位和职业的创造者，推动高等学校的教学直接促进社会的发展。

第三，科学研究目标。科学研究是高等学校的重要职能之一，高等学校通过开展科学研究，可以从三个方面促进高等教育总目标的实现：一是高校科研直接推动学科发展。二是提高教师的科研水平和教学水平。教师通过科研，不仅提高了自己的专业理论水平，而且还将在科研过程中所了解的本学科的前沿知识和学术成就引入课堂教学中，并将自己的科研方法和经验传授给大学生，培养学生的科研意识、投身科学研究的奉献精神、从事科研的能力，全面提高学生的素质。三是高等学校的教材和教学法研究，有利于促进教师编写出一流的教材，选择和运用一流的教学方法，以提高专门人才的培养质量。通过科学研究培养大学生的科研能力，既是全面提高人才质量不可缺少的环节，也是实现高等教育总目标的根本保障。

1. 高等教育管理目标的制定要素

高等教育管理目标需要充分利用或优化配置一定的人、财、物等教育资源，高效地培养出更多更好的专门人才，创造更多更好的科研成果，服务社会。高等教育管理目标的制定应主要考虑以下要素：

（1）社会发展的需要。社会主义现代化建设的需要主要反映在两个方面：一方面，社会经济、文化和科技发展的需要。高等教育管理目标既要考虑到物质文明建设的需要，也要考虑到精神文明建设的需要。高等教育在确立高级专门人才的培养规格时，尤其要考虑到这方面的情况。另一方面，确立高等教育管理目标，要以可持续发展的战略眼光，确保高等教育既适应当前发展的需要，又考虑到未来的发展需求。

（2）客观现实条件。制定高等教育管理目标，要从国家、地区、本系统和高校的实际情况出发，因地制宜，有的放矢，根据高等教育的资源状况，进行科学合理的配置，以取得良好的社会和经济效益。在改善高等教育发展条件时必须尊重客观现实，若不顾条件盲目扩张和发展，必然导致高等教育质量的下降。

（3）科学预测。目标是指向未来的。如果不能正确地预见未来，就难以制定科学的管理目标。因此，高等教育管理人员要经常深入高等教育实际工作中调查研究、观察考证，获得第一手资料。在此基础上，分析综合各种信息，运用科学的方法，预测高等教育未来的发展趋势，对高等教育做出正确的规划，确立科学的、可行的管理目标。

（4）教育科学理论。高等教育管理既是一种社会活动，也是一门科学，需要科学的理论来构建和武装。教育科学理论能指导高等教育管理工作者科学、合理地制定管理目标，使高等教育工作按照教育规律健康地发展。不懂得教育理论，不了解教育规律，不可能制定出正确的管理目标。

高等教育管理人员在制定管理目标时，必须先考虑如何通过有效的管理来组织高等教育活动，以实现高等教育的总目标。不顾高等教育总目标而制定的管理目标，必然使管理活动迷失方向，也就是没有明确的办学思想。端正办学指导思想，集中体现在高等教育目标尤其是高等学校管理目标的制定和组织实施上。

2. 高等教育管理目标的实施

高等教育管理目标的实施既是一个复杂的动态过程，也是由管理目标的制定进入目标管理的实施过程。管理目标规定着管理活动的发展方向和预期达到的结果，而目标管理则是管理的方法，用目标去实施管理。在高等教育发展中，要运用目标进行管理，管理者必须把目标的确定与达成目标所进行的一系列管理职能活动有机地结合起来。只是确定了目标，不注重其他"配套工程"，目标管理也是不能奏效的。要采取各种有效措施，调动高等教育有关部门和人员的积极性，齐心协力地去完成既定的管理目标。高等教育管理目标的实施，应注意做好以下方面工作：

（1）建立完善的高等教育管理目标体系，并将其分解细化，使高等教育各个层次、各个部门，从个人到集体的目标都得到配合和协调。高等教育管理目标不仅是高等教育管理者的意愿，而且也吸收和体现了群众的思想、智慧。必须把高等教育管理目标体系层层分解到基层，如高校系所、部处、科室等，让每个基层单位都建立起管理分目标。与此同时，明确每一个岗位的职责、义务，使每个教师和职工都能按岗位责任的要求创造性地工作。否则，就不可能圆满地实现管理目标。

（2）建立考核评估制度和指标体系，提高高等教育目标管理效能。高等教育目标管理实际上是一种调控，通过调节和控制，使所有高等教育活动向规定的目标发展。调控需要信息反馈，有了反馈才能判断与目标的距离，才能发现偏差，修正"控制变量"。在高等教育管理中，高等教育评估是一种获得信息反馈的手段。为此，可以建立部级、地方、校级和系级高等教育管理水平评估体系与个人工作考核办法，通过合格评估、选优评估等多种类型和方式，认真严格考核高等教育管理目标的实现情况。对发现的问题，尤其是对严重偏离管理目标的活动、工作，要及时地加以纠正处理，以免影响高等教育管理目标的实现。

（3）科学地排定目标序列，充分发挥高等教育管理的计划职能。由于师资、经费、就业市场、国家政治和经济改革等进程的影响，高等教育发展总目标下的具体目标不可能同时实现。因此，高等教育管理应该分清主次、轻重缓急，有的放矢，排列出目标的先后序列和秩序，用以约束高等教育有关活动，使之协调一致地向前发展。在实施高等教育管理目标过程中，计划管理是与目标管理相辅相成、紧密联系的一种高等教育管理方法。高等教育计划管理是根据高等教育管理目标，规划如何实施具体方案，以此指导、管理高等教育活动，是高等教育管理目标的具体化。

（4）创造必要的物质条件和精神条件。为了实现管理目标，需要具备相应的财力和物力，但是，办学中需要克服种种困难，探索出一条有特色的办学之路。教育者和受教育者的精神条件也是不可缺少的，没有强有力的思想工作启迪和激励广大高等教育工作者的奉献精神和科学精神，高等教育管理目标的实施也是难以想象的。

（二）高等教育管理计划与战略规划

1. 高等教育的计划及其特性

高等教育是一项培养周期长、效益滞后的社会实践活动。科学、合理的高等教育计划，对充分发挥高等教育在未来社会中的功能，起着十分重要的作用。高等教育目的明确了高等教育系统的任务和使命，它引导和制约着高等教育管理活动。从高等教育管理工作者的角度出发，必须把高等教育系统的任务与使命转化或分解为具体的管理目标，要求在规定的时间内实现。为了实现这些目标，各个组织和部门就形成和制定了各种形式和类型的高等教育计划。

高等教育计划是对未来高等教育工作的部署和安排，它是面向未来的、系统的构想。高等教育计划必须对未来的社会需要、环境和条件等作出预测。通过收集、分析、评价与高等教育发展有关的信息，科学地预测专门人才的发展，深刻地把握高等教育发展中各种因素的相互联系，使高等教育计划能较好地适应和促进未来社会的需要和发展。高等教育计划工作的最终目的是要设计并选择出实现目标的行动方案。为此，高等教育管理者要根据特定的目标，在占有一定信息的基础上制订若干行动方案，通过评价选择寻求最优的方案。高等教育计划工作通过决策才算圆满和完善。高等教育计划是国家总体社会发展计划的一部分，是国家推动高等教育的发展，以保证经济和社会发展需要的重要依据之一。在高等教育管理活动中，高等教育计划工作有以下特性：

（1）高等教育计划的普遍性。无论是国家、地方的高等教育管理部门，还是高等学校、系所、教研室，都需要有计划，因此制订计划、检查计划、执行计划是各级高等教育管理部门和高校各级管理人员必须做的一项工作，是管理工作不可缺少的方面。

（2）高等教育计划的首位性。计划工作是必须在其他高等教育管理活动开展之前完成的工作。计划工作的前提是选定工作目标，而工作目标制约着组织、领导、控制等方面的管理活动。因此，在管理活动中，计划工作是首位的。说计划工作的首位性，并不是说高等教育管理的组织、领导、控制活动不重要。

（3）高等教育计划的技术性。高等教育计划，一方面，是以量化形式表现出来的、可能实现的教育目标，科学性和技术性较强；另一方面，是作为实现高等教育目标的过程，包含着对高等教育未来发展的预测、战略上的决策等。这些任务的完成都具有一定的技术性，都需要通过相应的技术手段来实现。

（4）高等教育计划的指导性和渗透性。高等教育计划规定了高等教育活动的目标，围绕目标又规定了应该做的内容，由哪些人去做，何时去做。计划工作影响高等教育管理活动的各个方面，影响高等教育管理过程的一切环节。计划的这种作用就是它的指导性。有了计划，还要有行动才能使计划所规定的目标得以实现；而目标又使行动有了方向，使各种行动在目标的导向下协调一致。这是计划指导性和渗透性的又一种表现。有了计划和计划中规定的目标，就可以用它来检查各级部门和各个管理人员完成任务的情况，并指导、纠正偏离目标的行动。

2. 高等教育发展的战略规划

高等教育的发展离不开高等教育计划，但是高等教育计划需要人们在高等教育的实践中实施。高等教育计划的实施受到高等教育内外部多种因素的制约，而这些制约因素本身又是不断变化的。因此，如何确立一种政策和行动上全局性的指导思想，使高等教育计划既具有前瞻性，超前适应高等教育内外部的变化，同时又能推动高等教育计划及时取得良好的效益，也就变得非常重要了。高等教育发展战略在这方面可以起到积极的作用。

高等教育发展战略具有四个明显特性。一是具有长期性。发展战略研究的是未来一定时期的战略问题，具有较长久的意义。二是具有全局性。由于战略问题研究全局的指导规律，所以那些只关系到局部的指导思想不在其研究的范围内。三是具有关键性。发展战略所关注的不是各个领域未来发展的具体问题，而是影响未来发展的最关键性问题。四是具有层次性。这是由战略所具有的全局性决定的。因为全局的范围有大小之分，任何一个系统，都可以被看作是一个全局。而系统又是有层次的，有大系统、小系统，母系统和子系统。所以，相对应于不同层次的系统，就有不同层次的发展战略。高等教育人才培养周期长、效益滞后、结构复杂、与社会有直接的密切联系等特点更决定了高等教育发展战略的长期性、全局性、关键性和层次性特征。

高等教育发展战略不同于高等教育计划。高等教育计划是对近期或未来一定时期内高等教育发展的部署和安排，它反映和体现高等教育发展战略，比较具体，易于实施，但又不等同于高等教育发展战略。确立高等教育发展战略目标时，应该遵循以下原则：

（1）战略目标既具有先进性，又具有可行性。确立高等教育发展战略目标，一方面，要考虑到高等教育在社会经济建设发展中的先行作用和教育投资具有周期长、效益滞后的特点，选择的目标应该是积极的，能够为未来社会经济建设的发展培养出所需要的专门人才；另一方面，要考虑实现这一目标所必备的社会物质条件，如经费、师资、办学设施、生源等方面为达到目标所能提供的可能性。

（2）战略目标既要定性，又要定量。定性是指在确立发展战略目标时对目标作出总体方向性的规定；定量是指对目标的总体规模、总体效益等方面作出的指标规定。定性和定量目标相互统一，定性是定量的依据，定量是定性的反映。

高等教育发展战略重点是高等教育发展中对实现战略目标具有关键意义的环节或部分，如发展中比较薄弱又特别需要加强的方面或在竞争中具有优势的领域等。科学地选择战略重点，对整体战略目标的实现十分重要。重点选择得准确，就会在战略实施中取得主动权，抓重点而控制全局，带动其他方面的顺利发展。当然，重点是与非重点相对而言的，它们在战略实施过程中相互影响，并有可能在一定条件下相互转化。因此，在选择战略重点的同时，切不可忽视非重点部分。如果只孤立地抓重点，也会破坏整体战略的综合平衡。

选择战略重点要按照高等教育发展的特点和需要，视客观可能提供的条件而定，不能只从一般的或抽象的角度来选择。一般而言，我们可以把高等教育发展战略分为准备、发展、调整三个阶段。准备阶段主要是根据实现高等教育发展战略总体目标的要求，为高等教育的发展打好基础，积蓄进一步发展高等教育的人力、物力和财力。如改善办学设施、加强教师队伍建设等。发展阶段是在前一阶段奠定的较为牢固的基础上，实现高等教育的振兴和腾飞。如扩大办学规模、增加培养规格、提高教育质量等。调整阶段是对高等教育发展中出现的新情况、新问题进行协调和解决，把出现的不合理问题进一步理顺和摆正。

（三）高等教育管理应遵循的原则

高等教育管理原则既要遵循一般管理活动的客观规律，又要遵循高等教育的客观规律，在管理实践中充分贯彻和体现客观规律。

1. 高等教育管理原则的确立

确立高等教育管理原则的依据，主要包括以下方面：

（1）高等教育发展的特殊性。高等教育的发展必须与社会的政治经济文化等的发展相适应，大学的教育、教学和管理必须与大学生的身心发展特征相适应，在高等学校中以教学为主、教学和科研相统一，这就要求从事高等教育的管理者必须认真研究社会的政治、经济状况及其发展趋势，研究大学生的生理和心理特点等，以此来调节教育管理工作。换言之，确定高等教育管理原则，就应该以高等教育发展的特殊性为主要依据之一。

（2）高等教育管理的特殊性。高等教育管理者从事高等教育管理活动的最终目的，是为了解决高等教育管理中的矛盾，只有认识和掌握了高等教育管理自身的特殊性，才能保证所制定的管理原则能够指导管理者顺利高效地开展管理活动，实现高等教育管理的目标和发展的目标。

（3）现代管理的基本原理。现代管理的目的，不仅在于把管理对象中的各个要素的功能统一起来，从总体上予以放大，使总体功能大于各部分功能之和，以提高劳动或工作效益，也就是劳动或工作结果所产生的社会价值。为了使高等教育管理工作的结果产生更多的社会价值，就应该把现代管理的基本理论引入高等教育管理领域。因此，确定高等教育管理的原则，就应该以现代管理的基本原理作为重要依据。

现代管理的基本原理主要包括系统原理、整分合原理、反馈原理、封闭原理、能级原理、弹性原理和动力原理。系统原理是现代管理最根本的原理，整分合原理和封闭原理都可作为它的补充。动力原理在很大程度上决定了其他原理效能。例如，能级原理必须有充分的能量、强有力的动力才能实现。只有当某种动力因素迫使人们非用不可，才能真正做到不拘一格地选拔人才。所以，以现代管理原理为依据来确定高等教育管理原则，并不是要求生搬硬套、简单地"对号"，而是必须分清主次，综合运用，并且力求符合教育活动的规律，适应高等教育的基本特征，这样才能恰当地确定高等教育的管理原则。

（4）高等教育管理的经验。原则是客观规律的主观反映，来自社会实践。人们在高等教育管理活动中，通过对高等教育规律的运用，可以积累丰富的管理经验，实践经验的科学总结就可以作为制定原则的依据。高等教育原则作为高等教育管理者的行动准则和规范，除了在内容上应该科学地反映高等教育发展的特殊性和高等教育管理的特殊性，在构成形式上还应当做到全面、层次分明、文字简洁、含义明确。它应该能够反映高等教育管理内外诸因素的关系，应包括指导高等教育管理全局工作的基本原则和指导各层次各部门、各单位、各环节的管理工作的各种原则，在文字上简明扼要。

确定高等教育管理原则，是为了更好地指导高等教育的管理活动。管理原则确定之后，如何贯彻管理原则成为管理活动的一项重要内容。在高等教育管理活动中，有利于高等教育管理原则贯彻的措施包括：一是将高等教育管理原则细化成管理条例和规程甚至法规，各部门和管理者职责分明，各司其职，奖勤罚懒。二是提高管理人员的思想认识，确立正确的观念并转化成自觉行动。三是加深对高等教育理论的学习、实践和总结等，从原则制定的依据和源头，深刻领会和运用高等教育管理原则。高等教育管理者需要具有有关高等教育管理及原则的知识储备，才会得心应手，事半功倍。四是动员高等教育系统内外的一切力量，教师和学生、教学人员和科研力量、经济部门和社会办学力量等，遵循高等教育发展的规律，保证高等教育管理原则的全面贯彻实施。

2. 高等教育管理原则的类别

（1）高等教育管理的方向性原则。高等教育管理方向性原则决定了高等教育管理者在实际工作中，必须坚持正确的、科学的高等教育管理的政治方向、经济方向、文化方向和高等教育自身的国际发展方向。不同的社会制度对教育所培养的人才有不同的要求，不同的政治体制下高等教育管理体制有很大区别。在计划经济和市场经济条件下，高等教育的资源配置方式是不一致的。个人本位价值观主导下的高等教育在管理形式、决策的民主化、管理机构的设置等与社会本位价值观的做法也有很大不同。国际高等教育发展的共同趋势如高等教育大众化、国际化、民主化、私营化等，使得高等教育管理的观念、制度、内容、手段等发生重大变革，与传统的做法有了明显差异。

（2）高等教育管理的整体性原则。高等教育管理的整体性原则实施，需要注意以下内容：

第一，树立整体观念。在高等教育管理中，不论制订计划、做决策、定制度、抓调整，都要胸有全局，服从整体。不能各自为政，只关注局部和眼前利益，否则会对整体的发展产生不良影响。树立整体观念的要旨在于，保持和实现高等教育系统的整体优化，在共同目标的引导下，齐心协力，提高效益。20世纪90年代后期开始的高等学校之间的合并、资源共享，就存在一个整体优化的问题。高校合并，是为了适应社会发展的需要，提高人才培养的质量和科学研究水平。要实现这一目标，必须对合并高校的机构进行彻底的改革，一方面要从整体上优化机构设置和人员配置，实行优势互补，资源相互开放和合理利用，减少浪费和内耗，不断提高学校的效益和竞争实力；另一方面应顾全大局，以学校整体利益为重，各部门之间相互配合，从不同层面共同推动学校的发展，实现事半功倍。

第二，明确重点，突出中心。管理工作千头万绪、错综复杂，进行管理就要学会"弹钢琴"，及时、准确发现和解决主要矛盾，以带动其他工作全面、顺利展开。在高等教育的宏观管理和高等学校管理工作中，要坚持以培养高级专门人才为中心，合理安排人力、物力、财力，保证高等教育多出人才、出好人才这一根本目的的实现。

高等学校的实际工作必须体现教学为主的原则，因为高等学校是培养高级专门人才的场所，教学是育人的一条基本途径。教学处于"主要"的地位，而其他工作则是为其服务的，这也是高等学校长期实际工作的历史总结，反映了高等学校工作的客观规律。这就要求进行高等学校管理工作时，要妥善处理教学与科研、教学与培养人才和直接为社会服务等方面工作的关系，不能主次颠倒，喧宾夺主。

第三，加强高等教育的纵向和横向联系。高等教育的管理者在办学过程中，不仅要把眼光放在高等教育这一个阶段，而且要向两端延伸，既要了解高等教育阶段以前的基础教育情况，又要进行毕业生情况的追踪调查，以利于高等学校工作的调整改革。高等教育是社会整体的一部分，不能不受到社会的影响，要了解并掌握有关社会的历史现状与发展趋势，主动加强与社会的联系，特别是努力适应社会主义市场经济的客观需要，实现高等教育与科研、生产的结合或联合，真正做到"产、学、研"一体化。

（3）高等教育管理的高效性原则。任何管理活动其基本目的就是为了提高组织系统的效益和效率。管理效益、效率是与管理目标联系在一起的。管理效益的大小、效率高低就是在消耗一定的人力、物力、财力和时间等资源的条件下实现管理目标的程度。高等教育是一项巨大的系统工程，保持高等教育各个子系统之间、子系统与整体之间的高效益，是高等教育管理的中心任务。高等教育管理效益受多方面因素的影响：一是高等教育管理的目标是否正确；二是高等教育结构是否合理；三是高等教育管理体制及运行机制是否健全和完善；四是高等教育管理人员的素质能否适应复杂的、日益提高的管理工作要求。贯彻高等教育管理高效性原则必须做到以下方面：

第一，树立效益、效率观念，促进高等教育积极、主动、全面适应市场经济发展的需要。高校可以引入市场竞争机制，通过定期对高等学校办学水平的合格评估和选优评估，把办学、科研经费同培养人才和提供科研成果的实力、质量挂起钩来，以加快高等教育的发展步伐。

第二，开源节流，科学理财。为保证教学科研质量的提高，高等学校要广开门路，利用学校的优势和特长，多渠道筹集教育经费，充分发挥广大教职员工的潜能。国家的高等教育拨款既要考虑到公平，也要考虑到高校的办学效益。教育行政经费的使用和管理，基建经费的使用和管理，要讲究成本核算，投入与产出的比例要适当，经费使用必须遵守财务制度，提高效益，减少浪费。

第三，深化改革，提高管理效率。改革高等教育的领导体制和高等学校的内部管理体制，因地制宜，简政放权，定编定员，加强人才的国际和国内交流，健全各种岗位责任制，强化检查考核工作，逐步建立和健全信息中心以及咨询参谋机构，加强调查和预测等工作，使学校重大问题的决策建立在科学的基础上。不断提高人力、物力、财力、时间和信息等的利用率，提高高级专门人才的培养质量。与此同时，挖掘高校潜力，提高其为社会服务，为经济、生产服务的能力，以创造更多的经济效益和社会效益。

（4）高等教育管理的动态性原则。变化是高等教育管理的基本特征之一，高等教育的变化主要包括：一是高等教育管理对象的变化。高等教育的管理对象主要是人，如高等学校的师生，是比较复杂的自变量，还包括财、物、时间、信息等要素。构成管理对象的诸要素，不仅其自身在变化，而且各要素之间的相互关系也在不断变化。二是高等教育管理理论、方法和手段的变化。随着科学技术的迅速发展，出现了学科之间的相互交叉和渗透。现代科学的某些原理、方法和手段，正不断地被引入高等教育管理领域，使高等教育的管理日益走向科学化。近年来，系统论、控制论、信息论等基本理论和方法以及电子计算机技术正在高等教育管理中不断得到运用。这样的变化，导致高等教育管理理论、方法和手段发展变化，以便更好地适应我国高等教育事业发展的需要。三是基础教育层次的变化。高等教育的不断变化，直接影响基础教育层次系统。而基础教育层次系统的不断变化，也造成高等教育系统外部条件的不断变化。高等教育与中等教育之间存在着如何更好地衔接的问题。作为高等教育低一级层次系统的中等教育目前也正在进行改革，高等教育的基础也就发生了变化，那么高等教育及其管理必须及时地做出相应的调整和改革。

3.高等教育管理原则的特性

（1）客观性。高等教育管理者在确定原则的时候，必须从高等教育管理工作的实际出发，认真地研究历史和现实的经验，在抽象的高等教育客观规律的基础上，再提出管理原则。

（2）层次性。高等教育管理原则是一切高等教育管理行为的根本准则，它应该对各系列、各层次的高等教育，各类高等学校以及高等学校中各部门、各系统的管理活动都具有普遍的指导意义。所以，高等教育管理原则的覆盖面很广，在高等教育管理范围内具有广泛的实用性、指导性。

（四）高等教育常用的管理方法

高等教育管理方法，就是对整个高等教育进行计划、执行、检查、总结的全过程中所采用的方式、手段、途径。高等教育管理是一个复杂的系统工程，它受多种因素的制约，如社会经济、政治、科技、人口、办学条件、师资队伍、管理者的素质等。在这样复杂的条件下，为了合理地配置现有的高等教育资源，高效地实现高等教育的目标，必须有一套科学、可行的高等教育管理方法。

高等教育管理方法，从层次上来讲，包含三个方面的含义：一是高等教育管理的方法论，它是高等教育管理方法的指导思想。历史唯物主义、辩证唯物主义和现代管理科学是高等教育管理的方法论基础。二是高等教育管理的具体操作方法。如高等教育管理中的经济方法、行政方法、行为科学方法、系统科学方法等，它们是高等教育管理方法的中心内容。三是高等教育管理的技术，这是侧重从定量角度实施对高等教育的管理，包括高等教育管理的预测技术、决策技术、规划技术、网络技术、综合评价技术。在实践上，高等教育管理通常是以高等教育管理的方法论为基础，以高等教育管理的具体操作方法为核心，结合高等教育管理的技术，将三个层次的方法贯穿于高等教育管理过程之中。高等教育常用的管理方法主要涉及以下方面：

1. 行政方法

行政方法是依靠各级高等教育行政机构，采用行政命令、决定、政策、指示或下达任务等手段直接管理高等教育。它是我国高等教育管理中最普遍的一种方法。行政方法具有直接权威性，它能起到"令行禁止"的作用，效果非常显著。审批高等学校的设置程序、制订和实施高等教育招生计划就是一种行政管理方法。在使用行政方法时，要克服主观唯心主义、脱离实际的弊端，使之符合高等教育发展的客观规律。否则，以行政方式下达违反高等教育规律的政策、计划、措施等，会给高等教育带来全局性的危害。

2. 思想教育方法

思想教育方法主要通过广泛深入、开展形式多样的思想工作，调动广大高等教育工作者的积极性、主动性、创造性，从而推动高等教育事业不断向前发展。思想教育的方法，具有潜移默化、春风化雨的感化功能，可以培养人的远大理想、高尚的品德和情操。这种方法掌握的难度相当大，但是如果运用得当，将会产生非常深远的影响。

3. 经济方法

随着高等教育发展规模的日益扩大，国家、社会、个人对高等教育的投资不断增加，经济方法在高等教育管理中发挥着越来越重要的作用。目前我国高等教育中推行的"跨世纪重点大学建设项目""高等学校文科基地建设"，各高校"特聘教授""师范教育基金""核定收支，定额或者定项补助，超支不补，节余留用"的高等学校预算管理模式等，就是经济方法在高等教育管理中的具体运用。

4. 咨询方法

在行政决策之前，充分发挥专、兼职高等教育研究人员的参谋咨询作用，通过在理论上探讨高等教育实际问题，进行分析比较，提出较为科学的行动方案，为行政决策提供可行性依据。国家在制订高等教育发展计划、改革高等教育管理体制、高等学校专业设置等方面就采取了咨询方法，吸收了部分专家的意见和研究成果，使高等教育管理更具科学性和艺术性，更富有成效。

5. 其他方法

系统论、信息论、控制论是现代科学技术发展的新成果，随着高等教育事业的不断发展被广泛应用于现代高等教育管理活动中。

（1）运用系统论管理高等教育。运用系统论管理高等教育，把高等教育放在系统的形式中加以考察，通过优化高等教育内部的结构，协调高等教育整体与高等教育各要素之间，协调高等教育整体与社会政治、经济、科学、文化等之间的关系，发挥高等教育系统的最大功能，实现高等教育的目标。以高等教育宏观结构调整为例，系统论要求高等教育宏观结构，既要着眼于高等教育的本专科生和研究生间的层次结构优化，又要考虑到高等教育的学科类专业结构优化，还要注意高等教育的地区分布结构、办学形式结构等，以保证系统发挥最佳的功能。

为充分发挥系统方法在高等教育管理中的作用，应该坚持外部条件与内部条件相结合的原则，坚持近期目标与长远目标相结合的原则，坚持局部效益与整体效益相结合的原则，坚持定性分析与定量分析相结合的原则，使高等教育立足于动态发展，立足于结构优化，立足于整体的高效益，积极主动适应社会发展的需要。

（2）运用信息论管理高等教育。随着计算机技术和 5G 等网络技术在高等教育领域的广泛运用，信息论在高等教育管理中发挥着十分重要的作用。在以往的高等教育管理中，人们通常把管理信息，如人才流动状况、大学生成绩、科研成果、财务收支报告等各种教育情况，记录在纸上，查找起来非常困难，费时费力、效率低、效果差。现代电子技术为我们提供了大量高科技产品，使我们建立起内存空间极大和存取速度极快的高等教育管理信息数据库。通过对其中的信息进行数字化处理，可以建立相应的高等教育数据模型，指导高等教育管理实践。这种方法为高等学校的教学和科研多出、快出好成果提供了可靠的保障。

（3）运用控制论管理高等教育。运用控制论原理，建立高等教育管理模型，研究高等教育系统功能，最优化地实现高等教育管理目标，是控制论在高等教育管理中的基本要求。具体而言，就是用高等教育系统活动的结果来控制、调整高等教育系统活动。从控制论的角度看，在高等教育管理过程中，各种形式的教育检查，实际上就是运用反馈进行控制的一种方法。

运用控制论方法管理高等教育，关键在于建立一个高等教育控制系统。这个系统至少应该设有四种机构：高等教育指挥决策机构、监督机构、执行机构和反馈机构。近年来，在高等学校推行的合格评估、选优评估，也是利用反馈－控制原理，通过发挥这四种机构的功能，协调一致，从根本上督促高等学校提高办学质量，培养优秀的高级专门人才，推出一流的科技、学术成果，为社会提供高质量的高等教育服务。

另外，高等教育管理活动经常应用心理及行为科学方法，也就是将现代心理学和行为科学的理论及方法运用于高等教育管理活动中，旨在从提高人的思想觉悟、改变人的精神状态入手，调动广大高等教育工作者的主动性、积极性、创造性。在高等教育管理实践中，使用最多、效果最显著的心理和行为科学方法主要包括参与方法、激励方法、沟通方法。

总而言之，高等教育管理方法蕴含着许多现代管理科学理论方法的因素。在高等教育管理过程中，应该充分发挥常用方法的优势，坚持科学的方法论，通过多种途径，调动一切积极因素，以推动高等教育的发展。

二、高等教育管理的过程分析

高等教育管理过程，是指高等教育管理者围绕高等教育管理目标，对高等教育活动中的人、财、物、事、时间、信息进行管理的客观程序。高等教育管理过程是一个动态过程，有其连续性和阶段性。高等教育管理过程属于人类总的认识过程的子系统，受人类认识过程一般规律的制约；同时作为一种特殊的认识过程，又具有其特殊性，存在特殊的认识规律。

（一）高等教育管理过程的功能阐释

第一，高等教育管理过程是有目的、多边共同活动的过程。多边共同活动是指高等教育管理者（包括行政管理者和学校管理者）、教师、职工、学生、有关人士等多方面参与的共同活动。高等教育管理目标的实现，离不开上述人员的积极参与。例如，学生的学习、思想教育，需要教职工的共同努力；图书资料的购置、使用等是高等学校教师开展教学和科研必不可少的，图书资料管理和服务人员也不可缺少。在活动过程中，由于工作的需要，高等教育管理活动中的有关人员的身份和地位不是固定不变的，管理的主体和客体随着管理对象和内容的变化而变化。例如，大学校长对于高等学校的广大教职工而言，是管理的主体；而对于高等学校的主管部门而言，是管理的客体。管理也是服务，管理者也是服务者、被管理者，管理者要受到上级和下级的监督；管理者一个人的能力有限，只有充分调动集体的智慧，才能把工作做好。

第二，高等教育管理的目的性更加明确。任何管理过程都是朝着明确的目标运行的过程，它的每一个环节都是在管理目标指导下进行的。在这方面，高等教育管理表现得更突出。高等教育管理的全过程，每一个环节都要以保证和提高教育质量为中心，都是为了按一定教育目标培养出合格人才。高等教育的管理过程也必须根据经济和社会发展对人才的培养提出的新要求，及时进行调整，以保证人才培养的质量、数量和合理结构。高等教育是一个具有高度动态性的系统，这就要求高等教育管理过程具有足够的弹性，提高管理的适应能力，使高等学校和教育行政部门成为具有充分调节能力的系统。

第三，高等教育管理是一个需要不断进行控制而又难以控制的过程，高等教育管理过程是一个多边参与的过程，而且，高等教育管理的参与者之间的角色经常发生转换，管理者角色的转换会带来其职责和工作内容、性质的变化。对大学生的管理不能像工厂生产的产品那样定型化、标准化，而要注意因材施教，因人、因时制宜，这也增加了控制的难度。高等学校培养一名合格的专门人才的周期，依据培养规格和层次的不同，少则两三年，多则十年以上。这与工厂生产的产品大不相同。培养人才的过程长，各门课程和各个环节间积累的误差就大，人才质量提高的难度也因此增加。这就要求加强高等教育管理过程的阶段性控制，保证高等教育实施过程每一环节的教育质量，认真做好阶段之间的衔接，实现高等教育目标和高等教育管理目标的双重最优化。

第四，与基础教育管理相比，高等教育管理内容具有更大的复杂性。高等学校拥有培养人才、开展科学研究、为社会服务等多种职能。评价一所高校的办学水平和质量，可以从多种角度进行。有的学校以培养人才为主，部分学校倾向于教学和科研并重，部分学校以科学研究和研究生教育为主等，很难用同一种标准衡量高校的办学质量。用不同的标准进行评价得出的结论，也就缺乏科学性和说服力。就培养人才的质量而言，其量化非常困难，加上人才培养的起点和终点都不在学校，致使培养人才的反馈信息不准。在高等教育管理过程中必须加强检查、评估和反馈等环节，保证整个高等教育管理过程始终处于一种良性循环的状态，不断向前发展。

（二）高等教育管理过程的具体环节

高等教育管理过程同其他一切事物和过程一样，具有自己的结构，即这个过程是由一些基本环节或者要素构成的。

1. 高等教育管理的计划过程

有了计划，高等教育管理才有明确的目的和要求，才能保证高等教育管理工作有的放矢，检查才有依据，总结才有目标。不断提高高等教育规划水平，保证高等教育计划的科学、可行和正确，既是高等教育兴旺发达的重要条件，也是检验各级管理者管理水平的重要标志。高等教育计划过程包括在高等教育领域及其有关方面调查研究，确定目标，拟订方案，选择方案，拟定行动计划等步骤。要把总目标分解成各部门及组织成员的分目标或具体目标，明确各自的管理职责、权力，并确定高等教育计划的实施方法和措施，从而保证高等教育计划贯穿于高等教育管理的全过程。

2. 高等教育管理的执行过程

高等教育管理的执行过程就是实施高等教育计划方案的过程，它是高等教育管理过程的中心环节，常常表现为大量的经常举办的高等教育管理活动。

高等教育执行过程包括建立机构，下达任务，组织执行，指导协调，调整计划等步骤。高等教育管理的执行过程，是管理者在高等教育管理过程中实施组织、指挥、协调、控制等一系列管理职能的活动。这一阶段对高等教育管理者而言，一是要指挥全局，组织力量，不断获取反馈信息，加强对高等教育管理过程的控制，发现和解决问题；二是妥善处理高等教育发展和高等教育管理工作中出现的矛盾，协调各方的关系，指导各项工作，使其顺利展开；三是充分调动各方的积极性，高效地实现高等教育计划、达成目标，发现人才、锻炼人才，合理配置人、财、物等各种高等教育资源，不断提高高等教育管理的水平。

3.高等教育管理的检查过程

高等教育管理的检查过程或环节主要是实施高等教育管理的控制职能，其重要内容是建立高等教育管理的反馈渠道和机构，及时提供反馈信息；纠正高等教育计划执行过程中存在的问题，调整计划，修改或补充执行措施；高等教育的各级管理者通过对下属工作的考核和监督，加强他们的工作责任心，促使其自我约束，以提高工作效率，使高等教育计划和执行措施得以落实。

作为高等教育的管理者，在检查工作时，首先，要力求深入基层，深入到高等学校的教学、科研、后勤服务等活动中去，掌握第一手材料，为科学分析、评价和总结高等教育管理工作奠定坚实的基础。其次，既要看高等教育管理工作的结果，也要看高等教育管理工作的过程，对高等教育计划的执行等管理工作作出客观评价；同时发现高等教育管理中存在的主要问题，并在检查的基础上提出改进工作的措施。最后，在检查的方法和形式上，坚持领导检查和群众检查相结合，发动高等教育领域的全体成员自我检查、相互检查（包括自上而下和自下而上的检查）、第三者检查，保证高等教育管理检查过程的全面、准确和彻底。

4.高等教育管理的总结过程

高等教育管理的总结是高等教育管理的终结环节。要用科学的方法评估已经做过的工作，肯定成绩，总结经验；看到问题，吸取教训；奖勤罚懒；指明方向，使高等教育管理行为规范化、制度化。高等教育管理的总结是对高等教育管理的计划、执行、检查这三个环节的总检验、总评价，也是为下一个阶段高等教育管理循环中计划的制定提供依据，起着承前启后的作用。高等教育管理通过总结这一个环节，可以不断积累高等教育管理经验，提高高等教育管理的效能。

高等教育管理过程的以上环节相互联系、相互影响，它们之间缺一不可，依次运作，周而复始，形成封闭回路。我们要采取行之有效的科学方法，使高等教育管理过程的四个基本环节处于良性循环的状态，推动高等教育管理工作不断跃上新的台阶。

第三节　高等教育中的财务与物资管理活动

一、高等教育中的财务管理活动

高等学校的财务管理的主要任务在于如何用好学校的各项资金，以及如何开发有关财力资源，也就是如何筹集学校的办学资金。在不同的社会条件、不同的高等教育管理体制下，高等学校的办学经费筹措渠道各不相同。现代高等学校，由于办学规模日益扩大，呈现出一种多元化的趋势。在市场经济体制下，这种特点更明显。由于国家对高等教育投入政策的变化，随着高等学校学生上学缴费制度的逐步推行，许多高等学校的办学经费中国家拨款所占比重逐步下降，从其他渠道获得的经费比重则不断上升。但是，学校不同于其他营利性单位，它以传授知识、创造知识、传承文明和文化为己任。国家为了自己的传统文化，为了国家的前途和未来，有义务承担起教育的费用。从世界范围来看，各国大学的办学经费都以国家投入为主。

我国高等学校中的资金，一般可分预算内资金和预算外资金。预算内资金是国家和地方财政预算对高等学校的拨款，也称教育事业费，其支出一般分为人员经费、公用经费、其他经费；预算外资金是根据国家财政制度由学校自行筹集、自行安排的资金，它主要包括：①科技三项费用，即以国家拨款形式下达的新产品试制费、中间试验费和重要科学研究补助费。科技三项费用属于专项资金，专款专用，学校一般不应提取管理费。②代管科研经费。中央和地方有关部门委托学校从事某项科研任务而拨入的经费，一般由课题组使用，分课题结算，学校可从中提取一定的管理费。以代管科研经费购置的仪器设备，一般应列入学校固定资产，归学校所有。③学校基金，这是我国高等学校财务管理中为积累学校发展资金专门设立的一种特定的资金项目，目前实际纳入其内的主要是从学校一切"创收"性活动而得到的由学校所支配的资金。④校办企业资金，用于校办企业维持生产及扩大再生产的资金。⑤特种基金，包括学校管理的教职工宿舍租金收入、接受捐赠收入以及其他有关收入。

二、高等教育中的物资管理活动

下面以"校园、图书馆、实验室"为例，具体探讨高等教育中的物资管理。

（一）高等学校校园建设与管理

校园的建设与管理是学校办学在财力和物力资源配置上最基本的工作，也是学校建设与发展中关键性的基础工作。学校基础建设是指固定资产的投入，是学校办学所需各种固定设施的建设，包括各种教学、科研、办公用房和有关生活服务用房与体育运动场所的建筑，以及在一定限额以上教学设备的添置与安装。

（1）高等学校校址的选择。一般而言，校园的选址要考虑经济地理方面的因素；自然环境方面的因素；有关基础设施方面的因素（交通、给排水、燃料）；区域或城市建设规划的因素；投入条件方面的因素，包括选址征用土地的费用、总的建设费用等。对现有高等学校的扩建而言，还要考虑到扩建校区与现有校区之间的联系因素，包括扩建校区在空间位置上的距离，扩建后对学校教学活动、组织结构、日常运行费用、整体办学效益等方面的影响。

（2）校园基本建设的总体布局。校园总体布局，是根据学校办学活动的需要和校园的地形、地貌特点，在学校园区的平面和空间上科学、合理地布设各种有关建筑物和各类设施所形成的建筑格局。在校园总体布局上，一般应考虑到实用性、审美性和经济性等方面的要素。在校园基本建设总体布局上，不可忽视的还有校园建筑风格的问题。随着时代的变化，在学校的不断发展和扩建中，许多高等学校的建筑风格已与当初迥然不同。特别是近年来，高层建筑在校园内日益增加；校园建筑在形体上从原来的讲究稳实厚重转向追求高耸挺拔，在造型上从原来的注重古朴典雅转向追求鲜明突出的个性，在轮廓线条上日益追求简洁明快，在色彩上则日益追求亮丽清新。

校园管理包含两重意义：一重意义是作为某种固定资产形态的校园；另一重意义则是作为师生活动场所的校园。具体而言，校园管理包括：一是高等学校的校产管理。校产即学校拥有的财产，包括学校所有和由学校合法占有和使用的财产。从其存在形态上而言，可分为不动产和动产，也可称固定资产和流动资产。一般所说的高等学校的校产管理，主要指对学校固定资产的管理。二是高等学校的校园环境管理。高等学校的校园环境管理，包括多方面的工作，这里重点探讨一下校园绿化和教室环境卫生的管理。校园绿化，是校园环境管理中的一项重要工作。绿化不仅起着防风防尘、减低噪声、净化空气、监测污染、保护环境等作用，还起着烘托校舍、美化校园的作用。教室的环境卫生不仅局限于教室环境的清洁卫生，还应从教室环境的各个方面对学生健康的影响来考察。因而，教室的环境卫生要求，实际上还应包括对教室建筑结构的卫生要求，对教室内各种教学设施的卫生要求，以及教室环境噪声的卫生要求。

（二）高等学校的图书馆管理

高等学校图书馆是为教学科研服务的学术机构。学术性工作包括两个方面：一方面是对新知识的发现；另一方面是对已有知识进行的整理。而图书馆的工作就是对人类已有的知识进行收集、整理，而使之系统化和广泛、充分地得到传播、扩散。

（1）高等学校图书馆的工作任务。采集各种类型特别是与学校各学科的教学、科研有较高相关性的文献资料，进行科学的加工整理和分类编目；通过各种形式的图书借阅服务，增加和丰富师生的知识；开展信息咨询和情报服务活动，使文献情报资源得到充分开发和利用；统筹和协调全校的图书阅览工作；开展有关学术研究和学术交流工作。

（2）高等学校图书馆的藏书建设和读者服务工作。图书馆的藏书建设和读者服务工作，是图书馆管理中两项最基本的工作，藏书建设是读者服务工作的重要基础和前提，而读者服务工作是藏书建设的最终目的。藏书建设主要做好图书采购、图书分类、图书保管等方面工作。要做好图书馆的读者服务工作，应该充分向读者开放藏书，建立完整的读者服务体系，开展对图书借阅工作的计量化管理，促进服务质量和水平的不断提高。

（3）高等学校图书馆的现代化建设。新信息不断涌现的"信息爆炸"和信息传播、处理的技术手段不断更新的"信息革命"，迫使图书馆的现代化建设日益成为图书馆管理的一项紧迫工作。图书馆的现代化，关键是文献资料储存、传播手段的现代化，也反映在大量现代技术在图书馆日常工作的应用上，如声像技术的应用、防盗监测设备的应用、书刊的保护等。

（三）高等学校的实验室管理

高等学校的实验室是组织实验教学和进行科学研究的重要场所。从功能上可分为教学实验室、科研实验室、公共实验室三种类型。教学实验室即主要提供实验教学用的实验室，它所开设的实验有观察实验、操作实验、分析实验和设计实验。科研实验室即主要提供科学研究活动使用的实验室，它对实验方法的要求更为严密，实验设备和实验手段也较为先进。公共服务实验室是为教学科研或其他方面提供如科学检测、计算、计量等服务的实验室，如学校中的分析测试中心、计算中心等。在我国高等学校中，还有一批国家重点实验室，它的任务是从事某一学科前沿领域的研究。

高等学校实验室的管理，要看高等学校实验室的设置。高等学校实验室的设置，一是要有利于加强实验教学，充分考虑各方面的教学实验需要，包括基础课实验、专业基础课实验、专业课实验等方面的需要，各学科和不同层次学生的实验教学需要；二是有利于增强科研实验能力和提高实验技术水平，有利于进行重点学科建设；三是要有利于提高仪器设备的使用效率。所以，教学、科研、公共服务实验室的设置应有统一规划，有利于集中有关教学力量，也避免机构重复和设备重复购置。

第五章
高等教育管理制度创新

第一节　高等教育的管理制度

一、高等教育课程管理制度

课程是人才培养目标实现的具体化，课程管理的最终目标能否实现，会落实到人才培养的质量上。因此，我国高校课程管理制度改革应坚持以人才培养质量为中心、以学生为本、实现多元主体利益诉求的价值取向，进而实现课程设置目标明晰、管理过程规范以及多元协同管理的目标。

要实现人才培养目标，课程管理制度改革是关键。而课程管理制度改革的目标选择，则是保证制度改革成效的具体目标定位。科学合理地选择目标定位，既是实现最终价值的重要中间过程，也是课程管理制度改革顺利开展，人才培养目标实现的关键因素。

（一）课程设置与人才培养目标相适应

高校课程管理制度改革最终服务于人才培养目标的实现。通过高校课程管理制度改革，明确课程设置，实现人才培养目标。

第一，学科的融合与交叉。创新人才培养的前提条件是不同学科之间的交叉与融合。它不但是创新人才培养的重要途径，而且是新知识发展的有效方式。高校应依据自身办学特色及学生兴趣进行课程设置，以此与人才培养目标相适应，满足人才培养需求。课程设置需打破原有的"条块分割"模式，以学科群定专业代替以专业定学科群，使课程知识结构更具结构化和创新化，更容易与学生认知结构体系相关联，促使学生创新思维与价值理念的形成。

第二，高校应以通识教育为基础。随着社会经济发展，高校课程设置与人才培养目标不相匹配的特征凸显，影响人才培养目标的实现。为此，使专业与通识相结合、理论与应用相结合、科学与人文相结合、基础与前沿相结合，突破学科之间、专业之间的界限，拓宽专业设置口径，形成综合化的课程结构体系，进一步加强专业调整，完善专业调整机制。这样不仅深化专业知识，而且丰富了课程内容，为实现人才培养目标奠定坚实的基础。

（二）优化课程实施全过程的支持体系

创新人才的培养应渗透于课程实施的全过程，而不应游离于课程实施之外。以学生为本的课程管理制度改革，应遵循教学规律和学生发展规律。

第一，构建以学生为本的课程教学创新体系。在课程实施过程中，把以教师为中心、以灌输式教学为主的课程教学模式，转变为以学生为本、以参与互动式教学为主的课程教学模式，给予学生一定的参与权，激发学生学习的积极性，让学生能够畅所欲言，积极思考，促进学生发展。

第二，完善教学资源支持体系。在以学生为本的理念指引下，通过高校课程管理制度改革，整合教学资源，使教学融入科研，形成教学与科研资源的共享，促进人才培养。此外，要实现创新人才培养目标，课程实施效果是基础。需建立课程评价制度体系，对教师教学效果与学生学习成果进行评价，并给予学生应有的课程权力，让学生也参与课程评价，以此提升课程教学水平，实现人才培养目标。

二、高等教育学生管理制度

高校学生管理制度的目标应是促进学生发展。在学生管理过程中以人为本，充分发挥高校学生管理的育人功能，注重学生思想品德培养，促进学生自主发展，采用服务型行政事务管理方法，满足学生合理需求。

第一，彰显个人自主意识。随着社会经济利益分配沿着竞争规律流动，市场经济的一个突出特点是按照市场法则平等竞争。社会政策对个人利益表示承认和肯定。因此，市场经济不仅从经济上要求独立个人的形成，而且在观念上要求强化人的自主意识。

第二，注重个人创新意识。未来的高校学生首先要具有较强的自主意识，其次要注重个人创新意识的培养。创新是一个学校进步的核心，在知识经济的时代，知识质与量的不断更新与增加，技术革命成果不断涌现，要求高等教育必须把重视创新精神、注重实践能力、突出个性特色的人才培养模式作为我们未来工作的重要目标。

第二节　高等教育管理的改革方法

高等教育管理的改革一直是教育领域内的重要议题。随着全球化进程的不断推进以及信息技术的飞速发展，高等教育面临的环境和挑战发生了显著变化。如何在新的时代背景下优化高等教育管理，提高教育质量和办学效率，成为各国高等教育机构关注的焦点。以下探讨高等教育管理的改革方法，从管理理念的转变、组织结构的调整、信息技术的应用以及评价机制的完善几个角度展开论述，以期为高等教育管理的改革提供理论参考和实践指导。

一、管理理念的转变

（一）从传统管理到现代管理

高等教育管理的改革需要在理念上进行转变。传统的高等教育管理模式以行政命令为主，强调权力的集中和自上而下的管理方式。这种管理模式在一定历史阶段内发挥了重要作用，但随着社会的进步和教育理念的更新，其局限性日益显现。现代高等教育管理更加强调以人为本、民主参与和科学决策。具体从以下方面探讨：

第一，以学生为中心。现代高等教育管理应将学生的全面发展作为核心目标，从学生的需求和期望出发制定教育政策与管理措施。通过加强学生服务体系建设，提升学生的学习体验和满意度，促进学生的全面发展。

第二，加强教师参与。教师是高等教育的关键要素，管理改革应充分尊重和发挥教师的作用。通过建立健全教师参与机制，保障教师在决策过程中的话语权，激发教师的积极性和创造性，推动教育教学改革的深入开展。

第三，重视学术自由。学术自由是高等教育的灵魂，管理改革应充分保障教师和学生的学术自由，营造宽松、自由的学术环境，激发学术创新和科研活力。

（二）从行政主导到协同治理

高等教育管理的改革需要从行政主导转向协同治理。协同治理强调多元主体的共同参与和合作，通过利益相关者的广泛参与和互动，实现教育管理的科学化和民主化。

第一，建立多元参与机制。高等教育管理应建立多元参与机制，吸引政府、学校、教师、学生、家长和社会各界广泛参与。通过多元主体的共同参与，形成教育管理的合力，增强决策的科学性和合理性。

第二，加强合作与协同。高等教育管理应注重内部各部门之间以及与外部机构的合作与协同。通过跨部门、跨学科的合作，打破部门壁垒，实现资源共享和信息互通，提高管理效率和效益。

二、组织结构的调整

（一）追求扁平化的管理结构

高等教育管理的组织结构改革应向扁平化方向发展。传统的层级化管理结构存在信息传递效率低、决策反应慢等问题，而扁平化管理结构则能够减少管理层级，缩短信息传递路径，提高决策效率和灵活性。

第一，减少管理层级。通过精简管理层级，减少中间环节，提高信息传递的准确性和时效性。赋予基层管理者更多的自主权和决策权，增强管理的灵活性和管理者的应变能力。

第二，加强信息沟通。扁平化管理结构要求建立高效的信息沟通机制，确保信息在各层级、各部门之间的畅通无阻。通过信息技术手段的应用，如建立校内信息共享平台、运用即时通信工具等，提高信息传递的效率和透明度。

（二）建立专业的管理团队

高等教育管理的组织结构改革应注重建立专业的管理团队。高等教育管理涉及教学、科研、行政、后勤等多个方面，需要各领域的专业人才参与其中。

第一，引进专业人才。通过多渠道引进具有专业知识和管理经验的人才，充实管理队伍。制定科学的人才选拔和培训机制，提高管理人员的专业素养和管理能力。

第二，建立团队合作机制。高等教育管理的组织结构应鼓励团队合作，打破单一部门的界限，形成跨部门、跨学科的合作机制。通过团队合作，提高管理的综合效能和决策的科学性。

三、信息技术的应用

（一）应用信息化管理系统

信息技术的发展为高等教育管理提供了新的工具和手段。信息化管理系统的应用能够提高管理的效率和质量，实现管理过程的智能化和科学化。

第一，建立综合管理平台。通过建立综合管理平台，实现教学、科研、行政、后勤等各方面的集成化管理。利用大数据、云计算等技术，对各类信息进行整合和分析，提供科学的决策支持。

第二，运用在线办公系统。通过运用在线办公系统，实现无纸化办公和远程管理。利用信息技术手段，提高办公效率，减少资源浪费，实现绿色管理。

（二）应用智能化管理工具

高等教育管理的改革应注重智能化管理工具的应用。智能化管理工具能够实现管理过程的自动化和智能化，提升管理的精准度和效率。

第一，引入人工智能技术。通过引入人工智能技术，实现管理过程的自动化和智能化。例如，利用人工智能技术进行学生行为分析和学业预警，提供个性化的学习支持和指导。

第二，推广智能管理设备。推广智能管理设备的应用，如智能考勤系统、智能会议系统等，实现管理过程的智能化和便捷化，提高管理效率，减少人为错误。

四、评价机制的完善

（一）建立多元化的评价体系

高等教育管理的改革需要建立多元化的评价体系，全面反映教育质量和办学效益。传统的评价体系过于单一，无法全面反映高等教育的复杂性和多样性。

第一，建立综合评价指标。建立涵盖教学质量、科研成果、社会服务、学生发展等多方面的综合评价指标。通过多维度、多层次的评价，全面反映高等教育的质量和效益。

第二，多主体参与评价。评价机制应引入多主体参与，包括政府、学校、教师、学生、家长和社会各界。通过多主体的参与，确保评价的客观性和公正性，提升评价结果的可信度和科学性。

（二）建立动态评价机制

高等教育管理的评价机制还应注重动态性，适应教育环境和需求的变化。传统的评价机制往往周期较长，无法及时反映教育管理的实际情况。

第一，实时数据监测。通过信息技术手段，建立实时数据监测系统，及时收集和分析各类教育管理数据。通过对数据的实时监测和分析，及时发现问题，进行动态调整。

第二，定期评估与反馈。建立定期评估与反馈机制，定期对教育管理的各方面进行评估，并及时反馈评估结果。通过评估与反馈，不断改进和优化管理过程，提高管理效能和教育质量。

第三节　高等教育教学方法及其创新

一、高等教育教学方法的特点

在整个高等教育教学活动中，一切都是围绕"提高教学水平和教育质量、实现培养目标"这个中心的，而且任何活动都有其方法、途径、手段。在专门人才的培养过程中，课程是最基本的知识与能力体现单元，也是高等教育活动中学科与专业相互转化与结合的最小载体。"学科是一个按照学术发展逻辑不断丰富起来的系统化的知识体系，专业是教育活动按照社会对专门人才要求所设计的一个相关学科知识体系群，开展这种学科知识体系群的知识传授和能力训练就是专业教育"①。可见，专业是按照社会发展的逻辑变化的。课程是学科知识体系的分化单元，也是高等教育实施专业人才培养的最小的完整的知识与能力结构单元。高等教育教学方法的特点主要有以下方面：

第一，可感性。可感性是对教学方法的具体概括，无论是语言、工具、形象、仪态，还是思路、能量等，都能让人感触、感知、感觉。

第二，内隐性。内隐与外显、"直白"相对，近似于含蓄。教学的最终目的是教化学生，无论是从理论上分析还是从教学实践经验总结，对于不同的人，或者同一人的不同时段和处境，教化的方法截然不同，这就需要教学方法具有内隐性。

第三，双重性。双重性就是事务的两种相对独立甚至对立的特性集于一体。很多事务具有双重性，高等教育教学活动的双重性尤为突出，在教学方法层面，其双重性体现为教师和学生的主体双重性、教师和学生参与教学活动动机的双重性、目标的双重性、价值标准的双重性等。

第四，微观性。微观性是教学方法的实际处境，只有认识到这一点，才能准确分析教学方法的各种内在问题。任何提升或夸大教学方法层级的认识、都会把教学方法研究引向歧途。

第五，丰富性。教学方法的丰富性实际就是教学方法的可感性、复杂性以及双重性等特点的衍生结果。因此，期望用教学模式来"类化"教学方法的研究路径是违背教学规律和忽视教学方法特点的。

二、高等教育教学方法的分类

高等教育教学方法的分类在现代教育理论与实践中占据重要地位。教学

---

① 代静 . 高等教育管理与教学研究 [M]. 西安：西安交通大学出版社，2017.

方法的多样性不仅反映了教育理念的丰富性，更体现了教师在不同教学情境下灵活运用教学策略的能力。以下从理论教学法、实践教学法、探究教学法和混合教学法四个方面，系统探讨高等教育教学方法的分类。

第一，理论教学法是高等教育中最传统和普遍的教学方法之一。其核心在于通过系统的讲解和传授，使学生掌握特定的知识体系和理论框架。讲授法、讨论法和讲座法是理论教学法的主要形式。讲授法是教师在课堂上通过语言表达、板书和多媒体展示等手段，系统地传授学科知识。讨论法则鼓励学生在课堂上就特定问题进行交流和辩论，促进他们对知识的深刻理解和批判性思维的培养。讲座法通常由领域内的专家或学者进行专题性讲解，拓宽学生的知识视野，激发他们的学习兴趣。

第二，实践教学法注重学生在实际操作中的动手能力和经验积累。实验法、实习法和案例教学法是实践教学法的代表形式。实验法广泛应用于理工科教育，通过实验设计和操作，使学生在实践中验证理论知识。实习法则将学生置于真实的工作环境中，锻炼他们的专业技能和社会适应能力。案例教学法通过具体案例的分析和讨论，培养学生解决问题的能力和应用知识的能力。这些实践教学方法不仅增强了学生的学习动机，还提高了他们的综合素质和职业竞争力。

第三，探究教学法强调学生在学习过程中的主动性和探究精神，这种教学方法能够激发学生的求知欲，培养他们独立思考和创新的能力。问题导向学习、项目学习和研究性学习是探究教学法的重要形式。问题导向学习通过设置实际问题，引导学生自主寻找解决方案，从而培养他们的批判性思维和创新能力。项目学习则以具体项目为载体，学生通过团队合作完成项目，提升他们的协作能力和实际操作能力。研究性学习要求学生在教师指导下开展独立的科学研究，培养他们的科研素养和创新精神。

第四，混合教学法将传统的课堂教学与现代信息技术相结合，形成了一种综合性的教学模式。在线课程与面对面教学相结合、翻转课堂是混合教学法的典型形式。在线课程与面对面教学相结合，即学生可以通过网络平台自主学习课件和视频，并在课堂上与教师进行互动和交流。翻转课堂打破了传统的教学顺序，学生在课前通过网络学习基础知识，在课堂上进行讨论和实践活动，增强了课堂的互动性和趣味性。

三、高等教育教学方法的创新

（一）高等教育教学方法的创新思路

第一，更新教学理念。首先，要更新教育思想，确立实践教育教学理念。实践，是指将高等教育教学内容中的自然科学知识、人文知识、德育等各种理论知识教育，通过具体的系统实践来消化、固化、融合、升华。其次，树立以学生为本的教学理念。在教育教学中要体现出对学生主体地位的充分理解和尊重，对学生潜能的充分诱导和挖掘，对学生人格的充分培养和塑造，把学生的个人意愿、社会的人才需求、学校的积极引导有机结合起来，使学生在知识、能力、思想道德、身心健康等各方面得到均衡、全面的发展，从而促进学生成长成才。最后，因材施教，就是根据不同学生的个性特点来进行不同的教育活动，通过对差异性的辨析制订出适合其特点的教学计划。

第二，突出办学特色。办学特色是指在长期办学过程中积淀形成的，本校特有的，优于其他学校的独特创新风貌。特色对于优化人才培养过程效果显著，对提高教学质量作用大。特色有一定稳定性并在社会上有一定影响、得到公认。高校办学特色就是一所大学在长期办学过程中形成的本校特有的，已经被社会认可了的，在某些学科领域优于其他学校的独特创新风貌和具有可持续性的发展方式，具有稳定性、认同性、创新性、独特性、标志性。高校办学特色的内容主要包括学科特色、科研特色、人才培养特色、校园文化特色这四个方面。

第三，更新教学内容。高等教育教学方法创新，要遵循"厚基础、宽口径、强能力、重质量"的复合型人才培养原则，重新规划和设计教学内容与课程体系。改变过去只在专业学科范围内设置专业课、专业基础课、基础课的"三级"课程编排方式，构建专业必修、专业选修、学科必修、公共必修、公共选修五大课程体系，对教学内容与课程体系进行重新规划和设计，按照学科专业普遍大类平行设计学科专业类课程、新公共基础课程、文化素质教育课程和实践性教学课程等较大教学课程内容体系，增加选修课，减少必修课，对公共课进行分级分类教学。

（二）高等教育教学方法的创新原则

第一，科学性原则。"科学性原则反映的是事物的客观规律，对科学性原则的遵循即是将主观与客观统一起来，遵循实践活动自身的特性和规律，这既是科学性原则的特征，也是它对实践活动的规约"[①]。

第二，相对性原则。创新本来就是相对于原有状态而言的，任何创新都不可能达到绝对的最优、最佳、最美、最先进的程度。教学方法创新的相对性，是针对人类既往所使用的一切教学方法而言，都是总结和继承传统教学方法的合理成分而开展的相对完美的创新，没有过去就不可能有教学方法的创新，无论从具体形式还是从组合方式，以及所产生的后果，只要取得了相比以前更好的效果，就是成功的创新实践。特别重要的一点，就是真正的教学方法创新必须是能够推广的。

第三，开放性原则。高等教育教学方法创新需要有一个开放的环境和宽容的氛围，方能顺利进行，现有的各种管理、评价、考核制度不是鼓励教学方法创新，实际上是限制了教学方法创新。就教学方法创新的内在需要而言：一要有开放的视野；二是在教学管理上对待教学方法创新必须是开放的；三是在教学方法创新结果以及评价方面也必须持开放态度。同时，在评价某位老师的某门课程的创新价值问题上，也应该科学地看待评价主体的认识能力及其当下的感受，有时当下的感受可能不真实，需要很长一段时间加以内化、比较以后才能做出客观的评价，所以不应一味强求课后即时评价。对教师而言，所谓的教学风格主要也是运用教学方法的相对固有模式，这种模式不在于让每一次教学活动都感受深切，一定有所变化，有所改进，风格是在一届又一届的学生事后评价中产生的。

---

① 左蕾，朱强 . 科学性原则及其对成人教育管理的实践规约 [J]. 继续教育研究，2013（5）：33-34.

第六章
高等教育管理的实践研究

第一节　高等教育柔性管理范式与实践策略

一、高等教育柔性管理范式

柔性管理（Soft Management），是相对于以规章制度为中心的刚性管理提出的，是一种新型的人格化的管理理念和管理范式。人格化管理是管理者通过对被管理者的充分尊重、理解、信任、关心，并通过情感交流的方式而施行的管理。人是组织得以良好运转的关键因素，柔性管理是在研究人们心理和行为规律的基础上，采用非强制的方式，产生一种潜在的说服力，从而把组织意志变为人们的自觉行动的管理。柔性管理的核心是"以人为中心"。它以尊重人的独立人格与个人尊严为前提，以尊重人、理解人、关爱人为核心理念，注重人的情感需求和社会需求，强调组织及其决策的柔性化和权变化，注重塑造共同价值观和组织文化。

柔性管理是一种人格化管理理念与模式，在于依靠权利平等、民主管理，从内心深处来激发每个人的内在潜力、主动性和创造性。作为现代管理的一种思维范式和实践范式，柔性管理与以规章制度为中心的刚性管理有本质的区别。一方面，柔性管理坚守以人为本的核心价值，为现代管理特别是当下高等教育管理提供了考量人的价值的新思维、新观念和新方法；另一方面，它突破了制度管理的旧框架，注重人本管理，以全面、开放、发展的眼光来评价管理对象。与刚性管理相比，柔性管理至少具有以下四个鲜明特征：

第一，人文性。柔性管理的出发点首先是"人"而非"物"，它依据组织的共同价值观念、精神文化认同等进行人格化管理，强调以共同的价值观念和对人格的尊重来激发人的主观能动性。

第二，内驱性。柔性管理依赖于管理主体和管理对象从内心深处激发出来的主动性、内在潜力和创造精神，而不是依靠外界权力影响，来促使每个个体真正自愿地为实现共同的组织目标而努力进取。

第三，激励性。柔性管理注重满足人的高层次需要来对人进行激励和影响，其管理方式不是强制性的而是非强制性的。

第四，效力的持久性。柔性管理要求管理对象把外在的规定转变为内心的共识和自觉的行动，提高对组织成员的持久影响力。

高等教育柔性管理，源于柔性管理理论，是柔性管理在高等教育管理实践中的具体化，也是高等教育管理走向人本性和现代性的一种新范式。高等教育的柔性管理在管理过程中，注重塑造师生的共同价值观和培育良好的大学精神和文化，注重民主管理，从师生内心深处激发其内在潜力和创造精神，以促进高校人、财、物、时间、空间、信息等管理要素的优化组合，以最大幅度提高教育质量和办学效益。高等教育的柔性管理在管理理念上主张"人格化"。"人格化"即"以人为本"，既是高等教育柔性管理的核心价值和核心理念，也是其本质属性和思想精髓。高等教育柔性管理，秉承人本管理思想，要求将以人为本理念融入教育教学管理、人才培养、人事管理、学生管理、后勤管理等各个方面；始终以师生的切身利益与需求为高校管理活动的出发点和归宿，高度重视师生员工的情感因素和精神需求；强调教师和学生的主体地位，是学校良好运行的关键要素；从教师和学生身心发展的内在需求和客观规律出发，激发他们自主独立和主动参与的意识，确立师生员工在教育管理过程中的主体地位。

二、高等教育柔性管理的实践策略

柔性管理是对以制度为中心的传统刚性管理模式的超越。特别是在当下推进高等教育治理体系和治理能力现代化的环境下，以"人格化"为显著特征的柔性管理，对新时期高等教育管理来说，是一种新的思维范式和实践范式，对我国高等教育管理走向现代化具有重要意义。实现高等教育柔性管理应把握以下实践维度：

第一，正确处理刚性与柔性的辩证关系。推行高等教育柔性管理，必须充分认识"刚性管理"与"柔性管理"在高等教育管理过程中各自的功能优势，正确处理好两者之间的辩证关系，才能真正实现高等教育管理的现代化和最优化。刚性管理强调管理的科学化、规范化、制度化；而柔性管理则是基于师生员工对组织发展目标、政策制度以及基本行为规范的认知、理解与内化，是依据组织的共同价值观和文化精神进行的人格化管理。此外，在推行高等教育柔性管理过程中，高校应将柔性管理与刚性管理有机结合起来，注重选择创新的制度和人本化的管理，以创新的刚性管理促进高等教育的柔性管理，真正实现教育管理效益的最大化和管理模式的最优化。

第二，坚守和践行人本管理理念。人本性是柔性管理的本质体现，是实现柔性管理的思想精髓和核心理念。学校办学要以教师为本，教学要以学生为本，这是现代大学办学理念的重要特征。以人为本，对高校而言，就是以教师和学生为本。现代高等教育管理创新，必须以尊重人、理解人、培养人、合理使用人，全面提高人的素质和促进人的全面发展为核心价值导向，将人本理念贯穿于教学管理、学生管理、人事管理、科研管理、后勤服务等高校管理的各个领域和各个环节，促进教育观念的人本化和个性化，着力培育组织的共同价值观和文化精神，从人的内心激发积极性、主动性和创新创业精神，实现学校事业与人的和谐发展。

第三，优化管理组织结构与形式。组织机构是高等教育管理的物质载体。柔性管理对高等教育发展的外部环境因素变化具有适应能力，对其内部因素变化具有应对能力，在自身发展需求和外部影响条件的交互作用中具有灵活快速的调适能力。

第四，培育良好高校社会资本。培育和优化校园社会资本，是实现柔性管理的关键。高校社会资本主要包括校园普遍信任、互惠规范和人际网络三大核心要素。高校应以社会主义核心价值观为内核，大力培育大学文化、校园公共精神，凝练校园核心价值，增进师生员工之间、师生员工与学校之间的价值认同、观念认同、情感认同以及制度认同，着力建设先进性、开放性、包容性、融洽性的柔性校园及和谐文化，积极推行文化治理；落实学术权力，大力加强学术委员会、教授委员会以及其他学术组织建设，积极推行教授治校，强化学术权力在高校建设和管理过程中的地位和作用，弱化行政主导，回归大学的学术本质；积极构建师生利益诉求与协调机制、沟通与激励机制和良好的人际关系网络，注重人文关怀，激发教师和学生的内在潜力和创造精神；建立高校管理者、管理对象以及个体之间和谐的人际关系，营造效率优先、注重公平、团结友爱、和谐干事、诚信守法、风清气正的创业环境。积极创新开放式的绩效考核评价机制，实现控制与激励功能在教育管理中的有机耦合；积极构建公众参与机制，大力培育民主平等精神，推进师生自组织建设，搭建师生共同决策平台，实现民主管理，尤其要从制度上保障师生对学校各项管理的知情权、参与权、决策权和监督权，激发师生员工的主人翁意识，提高他们的工作责任感、自我价值感和归属感，形成高校发展的凝聚力和推动力，促进高等教育事业科学发展。

第二节　高等教育国际化背景下的教学管理实践

一、高等教育国际化背景下的教学管理改革

高校教学管理主要指教师和教管人员根据教学的基本规律和特征，科学制定教学管理各方面的规章制度，采用切实可行的管理手段，有计划、有组织地实施教学活动的整个过程。高校教学管理涵盖了教学的各个环节，涵盖一所学校的教风、学风、校风，教学的主体、教学内容、教学环境等都包括其中，是学校教学活动顺利实施的前提和基础。一所拥有先进教学理念的高水平高等院校，必然有高效的、人性化的教学管理机制。面对创新人才培养对教学管理体制的要求，高等教育教学管理制度的改革需要从以下方面着手：

第一，教学管理应遵循一切为了学生的原则。在高校培养专门人才、发展科学、直接为社会服务的三项基本职能中，培养人才始终是最基本、最重要的职能。教学管理的主体应是学生，教学管理工作应该本着一切为了学生的原则进行，突出"以学生为先"的教学管理思想。尊重学生的知情权、选择权、参与权等自主权，目的是为学生自主学习、自我管理、自由发展提供必备条件，从而培养学生具备自我构建智能结构的能力，使其成为具有创新

精神和创新能力的人才。

第二，建立以学院制为主体的教学管理体制。"建立以学院制为主体的教学管理体制，首先要根据学校学科专业发展的实际及其要求设置学院。设置学院后，注意校、院（系）两级管理体制在职、责、权的划分、院（系）管理自主权的扩大，以及学校对院（系）教学管理的重视这三个方面的问题。"[①] 我国高校的学院要建设成为大学的人才培养、学科建设、科学研究和管理指挥中心，校、院（系）两级必须遵循职、责、权相统一的原则。大学的校级领导和各职能部门必须改原先的过程管理为目标管理，减少对教学、科研等具体工作的干预。

第三，建立健全学分制的教学管理制度。高校可以从选课制、导师制、弹性学分制和三学期制等方面建立、健全学分制教学管理制度，发挥学生的自主性，尊重学生的差异性，调动学生的积极性，培养学生的全面性，最终帮助学生养成良好的思维习惯、构建合理的知识结构。

二、高等教育国际化背景下的教学管理策略

高等教育国际化有力地促进了我国高等教育的办学水平和教学质量的提高，使我国高等教育实现了跨越式发展。但我们必须看到高等教育国际化，在给我国高等教育带来发展机遇的同时，也使我国高等教育面临着较大的外在竞争压力和挑战。高校要实现与国际高等教育的有效接轨，顺利实现我国高等教育的国际化，就必须创新和改革高校教学管理体制。"要全面实现我国高等教育的国际化，必须树立国际化的教育管理理念，对现行的教学管理模式、人才培养模式、课程设置、教学内容进行全方位的国际化改革，提高教学质量，培养适应经济全球化的国际型优秀人才，大力推进我国高等教育国际化的进程"[②]。

---

① 刘振海，谢德胜. 终身教育视域下我国高等教育管理体制研究 [M]. 沈阳：辽宁教育出版社，2017：149.

② 赵国霞，李山东. 高等教育国际化背景下高校教学管理体制的改革与创新 [J]. 管理观察，2009（33）：131-132.

（一）积极构筑国际化人才培养模式

要真正实现我国高等教育的国际化，必须彻底变革高校传统的人才培养模式，以培养国际化的优秀人才为导向，对培养目标、培养方式进行全方位的改革，构建与国际接轨的人才培养体系。培养国际化的人才是高等教育国际化的最重要的目标之一，世界上许多著名高校在实现国际化的过程中，都把培养国际化的人才列入培养目标。在高等教育国际化的过程中，我国高校要以国际市场人才需求为导向，以人才质量为中心，主动适应经济全球化的人才市场机制，大力改革传统的人才培养模式。要把培养具有国际观念、国际意识、国际交往能力、国际就业能力的国际型人才，将其作为一个重要内容列入培养目标。同时，在人才培养方式上以"宽基础、宽专业"为导向，大力实施通才教育，借鉴西方创新性的教学方法和教学手段，采取实行多样化、民主化的教育方式，运用研究型、启发式、探讨式教学模式，突出学生在学习中的主体地位，培养学生的发散性思维和创造性思维，增强学生的学习能力和创新力。

在高等教育国际化背景下，高校的教学需要设置综合性与国际化课程，实现人文教育和科学教育的有机融合，强化学生的基础知识和综合知识教育，着重培养学生的综合素质，以适应国际社会对复合型人才的需求。在课程的设置上要面向全球，体现出国际化的特点。不仅要开设专门的国际教育课程，还要开设注重国际主题的新课程，例如，开设国际金融、国际法律、国际贸易、国际管理以及外语课程等，全面培养拥有国际知识、国际交流能力和国际就业能力的国际化复合型人才。

（二）打造高素质国际化教学管理队伍

随着高等教育国际化的不断深入，国际交流和合作更加频繁，外籍教师和留学生的数量不断增加，课程的国际化程度不断加大，高校教学管理的国际化要求也会不断增强。因此，必须紧紧围绕教育管理国际化的目标来加强高校教育管理队伍建设。要强化教学管理队伍的国际意识，树立国际化教育理念，开阔国际视野、增强国际交流能力，以适应高等教育国际化对教学管理水平不断提高的需要。高校要定期选派教学管理人员出国深造、进修，学习国外先进的管理经验，掌握国际化教育管理思想和世界前沿的先进管理理论。培养具有国际意识和国际背景的教育管理人才，这是我国高等教育管理实现国际化的基础。同时适当引进国外优秀的教学管理人才，充实教学管理队伍，直接参与教学管理，不断提高我国高校教学管理队伍的国际化管理水平，全面实现我国高等教育管理的科学化、规范化和国际化。

第三节　基于高校辅导员专业化的教育知识管理

高校知识管理具有十分广阔的发展前景。知识管理在各行业应用都非常广泛。现阶段，在辅导员队伍建设方面，如何科学地经营管理，充分提高辅导员素质，提高专业技能水平，已经成为重要课题。

一、高校辅导员与教育知识管理的关系

第一，能够促进辅导员知识发展。辅导员，以思想政治教育为重点，属于专业的职业类型。要想成为合格的辅导员，应进行系统的培训。而辅导员的知识，需要与时俱进，呈开放性体系发展。比如，网络背景下，对辅导员知识方面有了更高的标准。从高校角度出发，需通过知识管理手段，有效组织专业知识交流，建立相应的分享体系。实现专业知识共享，引导专业知识方面创新。

第二，有利于辅导员职业活力的提升。身为一名辅导员，应该持续学习，完善充实自我。在发展过程中，激发热情，并且能够保持活力，尽量避免出现工作倦怠感。通过知识管理，促进辅导员情感的培养，提升职业归属感。只有树立归属感，才能帮助辅导员明晰职业目标和发展方向。此外，落实知识管理，利于知识分享和知识创新等，能够帮助辅导员实现自我发展。

二、知识管理背景下高校辅导员专业化队伍建设路径

第一，注重知识访问，完善辅导员知识库。对辅导员知识，借助梳理归纳，工作经验整理，能够帮助辅导员未来工作，避免学习出现问题，并且能够充分加快任务开展。上述经验累积，即辅导员知识库体系。通过知识库，

汇集知识以及相关信息资源，明显具有收集整理的意义，有利于知识获取和储存分享等。而知识库的完善，能够深化辅导员知识体系，可以实现辅导员工作方面的一体化以及规范化。而要想不断完善知识库体系，知识系统框架方面应该横向分类。与此同时，把显性工作经验与协作知识体系整合起来。

第二，构建自主学习环境，健全成长培训体系。辅导员培训，涉及两个阶段，因此在高校职前培训阶段，应力求和任职相关联。在职后培训阶段，和考核晋升联系起来。在辅导员任职后，只有修满相应的学分，才能评优。只有经过若干年限修满课程学分，才能晋升。而作为知识管理中心，应根据辅导员不同实际情况，每周固定并且有针对性地进行培训工作。实际开展组织培训阶段，无论是培训师选择哪些方面，还是培养激励手段，都十分重要。

第三，实现隐性知识分享。对于辅导员队伍，隐性知识方面，一般涉及自身价值观，属于不易编码知识层面。然而对于这种知识，适合非正式交流。因此身为高校辅导员，在知识管理方面，不能流于表层，需要积极致力于分享隐性知识。比方说，运用头脑风暴策略，还有相关网络人际对话策略。此外，应该积极构建联合体，采取自愿结合原则，这样交流知识将更加畅通发达。

第四，加强知识创新激发，开展绩效评估。在绩效评估方面，对辅导员知识结构，进行绩效的考核工作。知识管理相关中心，对辅导员知识情况，予以诊断工作。但是一旦知识管理项目结束，同样应对成效予以评估，同时予以优化等。

第四节 "互联网+"时代高等教育管理的创新实践

"互联网+"时代倡导互联网与社会传统产业的协同发展，通过科技革新传统模式、机制、体系及手段，使传统行业拥有网络化、信息化及智能化的特征。"互联网+"并非简单的技术叠加，而是商业价值与思维模式的充分融合。通过"互联网+"意识的树立，能够让传统产业转变保守和单一的思维模式，形成全新的发展格局及形态。

一、"互联网+"时代高等教育管理的创新思路

"互联网+教育管理"的过程就是创新的过程，是结构重塑、形式优化的过程。在此过程中，教育管理者应转变传统的教育管理理念，优化教育管理模式，让教育管理过程更契合"互联网+"所拥有的"尊重人性""重塑结构""创新驱动""跨界融合"等基本特征。诚然"互联网+教育管理"的基本举措，就是对计算机网络信息技术的充分应用，是"互联网思维"在高等教育管理过程中的融入。然而这种教育管理创新仅仅停留在表层，即通过网络技术的应用，实现对传统教育管理模式的革新，但并没有实现深层次的创新与革新。深层次的教育管理创新应是积极主动地创新，应将网络元素渗透到教育管理的不同环节中。在教育管理方法上，应转变传统的灌输、训导形式，将被动管理转变为主动引导，即通过预防、分析、引导等方式，让存在问题的学生得到教育。"在教育管理形式上，应充分应用各类现代信息技术，深化教育管理者与被管理者之间的情感联系，突出教育管理过程的民主特征"[①]。与此同时，也能帮助教育管理者更充分、更全面、更有效地发现自身存在的问题。在管理过程中，学校应加强配合机制、配套设施的建设。譬如监督机制、反馈机制、网络平台、大数据技术、数据库等。简而言之，在通过"互联网+教育管理"实现"教育管理创新"的过程中，学校必须积极地、自主地利用信息技术、现代教学理念实现对传统教育管理的创新发展。但与此同时，还需要注重对新型配套机制、管理理念的引进与优化。唯有如此，学校才能确保教育管理者实现真正意义上的、深程度的创新，而非停留在网络技术应用的层面上。除此之外，学校在教育管理创新过程中还需要树立"重塑结构"的理念，确保传统的教育管理环节、程序、模式及方法都形成新的架构；确保各项管理要素都围绕"互联网技术"得到重新编制。

二、"互联网+"时代高等教育管理的实践策略

第一，树立全新的教育管理理念。首先是树立以学生为本的育人理念。

---

① 王慧."互联网+"时代高等教育管理的创新与实践[J].鄂州大学学报，2022，29（6）：86-87.

在教育管理工作中，管理者应将学生作为管理活动的出发点与落脚点，积极调动学生群体的"主体意识"，发掘学生的潜能，塑造学生的人格，从而引领学生自我管理、自我教育、自我约束及自我认同。与此同时，管理者还需要尊重学生的个性自由与个体差异，因人而异、顺其自然，精准、分类地开展教育管理工作。其次树立"技术应用理念"。在"互联网+"背景下，教育管理者必须通过各类信息技术，创新教育管理的手段、内容、方法及形式，使信息技术充分融入并渗透到学生管理、科研管理、教学管理的不同环节中。而树立"技术应用"理念，能够让不同的管理过程，拥有鲜明的信息化特征，提升教育管理的实效性。

第二，优化并革新教育管理方法。在"互联网+"视域下，学校应积极优化并改革传统的教育管理方法，使学生管理更人性化、民主化及科学化。管理者应从三个方面着手：首先是注重数据分析。教育管理者应利用大数据技术对学生行为习惯、思想动态进行分析、整合及预测。并结合数据分析结果，采取相应的教育管理方法。譬如对存在问题的学生，应进行思想引导。如通过思想教育的方式，使其认识到自身存在的问题，并加以改进。而对有"问题倾向"的学生，则需要进行情感指引、道德引导，使学生规范自身的行为和思想，积极肩负起时代重任。其次是注重沟通交流及意见反馈。教育管理者应营造出宽松的、民主的沟通环境，通过与学生的日常交流、情感沟通，帮助其解决问题，将其对学校管理的意见、建议及时反馈到教育管理者面前。最后是注重经验总结，教育管理者应利用计算机网络平台及信息技术，定期总结教育管理成果，并调整相应的教育管理模式、体系及内容。

第三，加强教育管理平台的构建。在教育实践中，学校应从以下两方面出发，提升网络平台构建的完善性、先进性及有效性。首先构建"家校社"协同育人平台。家校协同不是家庭教育与学校教育的简单融合，而是学校通过构建沟通平台的方式，与家长进行随时随地的、线上线下的双向交流，帮助学校更好地指导家庭对学生进行监督及教育。而社校协同则是社会组织与政府部门，通过网络平台积极参与到教育管理的过程，为高等教育管理提供充足的、优质的教育管理资源，从而形成学校显性教育、社会补充教育的良好格局。其次是加强对网络设备设施的更新、优化及管理。

参考文献

[1] 代静 . 高等教育管理与教学研究 [M]. 西安：西安交通大学出版社，2017.

[2] 单鹰 . 高等教育原理论 [M]. 北京：教育科学出版社，2008.

[3] 董立平 . 高等教育管理的价值问题研究 [D]. 厦门：厦门大学，2009.

[4] 费希特 . 费希特著作选集（第四卷）[M]. 北京：商务印书馆，2000.

[5] 韩影 . 创新教师管理制度推进高等教育内涵式发展 [J]. 现代教育管理，2018（7）：68-72.

[6] 贺永旺，胡庆芳，陈向青 . 提升教师教学实施能力 [M]. 北京：教育科学出版社，2011.

[7] 黄安生 . 高校教师思想政治教育能力的提升路径 [J]. 中外企业文化，2021（5）：102-103.

[8] 柯佑祥 . 高等教育管理 [M]. 上海：华东师范大学出版社，2000.

[9] 左蕾，朱强 . 科学性原则及其对成人教育管理的实践规约 [J]. 继续教育研究，2013（5）：33-34.

[10] 李燕 . 新时期高校教师能力培养与专业化发展探究 [M]. 成都：四川大学出版社，2018.

[11] 刘嘉仪 . 基于高校辅导员专业化的教育知识管理研究 [J]. 科普童话·新课堂（下），2016（2）：52.

[12] 刘明亮 . 高等教育管理与大学生创新能力培养研究 [M]. 北京：科学技术文献出版社，2017.

[13] 刘卫平 . 高等教育柔性管理范式及其实践策略 [J]. 大学教育科学，2014（3）：43-48.

[14] 刘振海，谢德胜 . 终身教育视域下我国高等教育管理体制研究 [M]. 沈

阳：辽宁教育出版社，2017.

[15] 毛立园. 新世纪高等教育管理创新策略研究 [J]. 读书文摘（下半月），2017（3）.

[16] 邱秀芳. 高校和谐师生关系的构建策略 [J]. 教育探索，2012（1）：127-128.

[17] 王宝堂. 当代高等教育管理与实践路径研究 [M]. 青岛：中国海洋大学出版社，2018.

[18] 王洪才. 论高等教育的本质属性及其使命 [J]. 高等教育研究，2014，35（6）.

[19] 王慧. "互联网+"时代高等教育管理的创新与实践 [J]. 鄂州大学学报，2022，29（6）：86-87.

[20] 王晶晶. "双主体"：高校师生关系的重构 [J]. 江苏高教，2017（8）：64-66.

[21] 王志彦. 对我国高等教育目的的思考 [J]. 长春工业大学学报（高教研究版），2009（2）：4-7.

[22] 吴靖，俸晓锦. 高校教师教学能力提升的需求分析 [J]. 教师，2012（26）：113-114.

[23] 谢涤宇. 论公办高校内部治理缺陷及体制变革 [J]. 黑龙江高教研究，2010（2）：42-45.

[24] 许晶. 大数据对高等教育管理的影响与优化管理 [J]. 中国成人教育，2016（23）：42-44.

[25] 宣勇，翁默斯. 论高质量高等教育体系的系统建构 [J]. 中国高教研究，2022（9）：25.

[26] 杨文芳. 论我国高校治理机制的改革 [D]. 湘潭：湘潭大学，2012.

[27] 叶国文. 中国高等教育现代化与体系建设 [J]. 中国高教研究，2017（7）：12-16.

[28] 张德祥. 高等教育基本关系与高等教育学体系建设 [J]. 高等教育研究，2020，41（10）：46-54.

[29] 赵国霞，李山东. 高等教育国际化背景下高校教学管理体制的改革与创新 [J]. 管理观察，2009（33）：131-132.

[30] 赵庆年，李玉枝．我国高等教育发展方式的演进历程、逻辑及展望 [J]．现代教育管理，2021（8）：34-42.

[31] 钟玉海．高等教育学 [M]．合肥：合肥工业大学出版社，2005.

[32] 周川．我国高等教育管理体制 70 年探索历程及其展望 [J]．高等教育研究，2019，40（7）：10-17.

[33] 周晔．论高校行政管理人员的绩效考评 [J]．江南大学学报（人文社会科学版），2006，5（6）：110-113.

[34] 王星，高楠，郑淇予，等．信息技术驱动高等教育变革的未来路径 [J]．黑龙江高教研究，2023，41（1）：76-83.

[35] 韩喜平，郝婧智．以高等教育内涵式发展助推构建新发展格局 [J]．东北师大学报（哲学社会科学版），2023（2）：8-14.

[36] 王星，李怀龙．基于高等教育信息化的发展性资源配置机制研究 [J]．高教探索，2023（1）：23-29.

[37] 郝广龙．高等教育普及化时代的学情及其应对 [J]．当代教育论坛，2023（1）：17-24.

[38] 林杰，张德祥．论高等教育的分化功能与整合功能 [J]．江苏高教，2022（9）：1-9.

[39] 秦敏燕．教育功能视角下高等教育评估发展的路径选择 [J]．教育评论，2022（11）：40-44.

[40] 张砚清．新时期高等教育的社会功能 [J]．华南师范大学学报（社会科学版），2014（4）：73-76.

[41] 张西方．论高等教育功能的拓展 [J]．山东师范大学学报（人文社会科学版），2010，55（6）：98-101.

[42] 向冠春，刘娜．高等教育功能释疑 [J]．黑龙江高教研究，2010（11）：13-16.

[43] 宫福清，方媛．中国式高等教育现代化的推进逻辑与路径 [J]．中国电化教育，2023（3）：25-29.

[44] 袁利平，林琳．中国高等教育现代化的历史坐标与世界意义 [J]．学术探索，2022（5）：132-141.

[45] 赵春霞 . 大数据智能化：高等教育治理现代化的实践进路 [J]. 江苏高教，2021（11）：81-85.

[46] 卓泽林 . 中国高等教育现代化的选择向度 [J]. 杭州师范大学学报（社会科学版），2021，43（4）：105-111.

[47] 王兴宇 . 中国高等教育现代化：推力、困境与突破 [J]. 国家教育行政学院学报，2020（6）：58-66.

[48] 张继明 . 我国高等教育治理现代化的核心要素及其优化 [J]. 现代教育管理，2020（6）：7-13.

[49] 曹翼飞，王名扬 . 我国高等教育现代化指标体系建构与阐释 [J]. 国家教育行政学院学报，2018（9）：55-61.

[50] 舒永久，李林玲 . 高等教育治理体系现代化：逻辑、困境及路径 [J]. 现代教育管理，2020（6）：1-6.

[51] 黄炳超 . 高等教育治理现代化的实质表征、现实困境与目标指向 [J]. 黑龙江高教研究，2020（2）：7-11.

[52] 张庆晓 . 高等教育现代化的概念、定位与实现路径 [J]. 黑龙江高教研究，2020（2）：1-6.

[53] 李海龙 . 论高等教育治理能力现代化的内涵 [J]. 江苏高教，2017（4）：21-28.

[54] 别敦荣，韦莉娜，唐汉琦 . 高等教育治理体系和治理能力现代化的基本原则 [J]. 复旦教育论坛，2015（3）：5-10，59.

[55] 曹叔亮 . 高等教育现代化：条件、维度与路径 [J]. 当代教育科学，2015（19）：3-5，17.

[56] 俞冰，刘标，许庆豫 . 高等教育现代化的危机与消解 [J]. 清华大学教育研究，2012（5）：27-34.

[57] 张继明 . 现代化视角下我国高等教育治理模式的建构路径 [J]. 当代教育科学，2019（5）：62-66.

[58] 蔡雨沁 . 高等教育现代化的本体价值论 [J]. 苏州大学学报（哲学社会科学版），2009，30（1）：122-124.

[59] 邓草心 . 高等教育管理的改革与创新 [J]. 中国成人教育，2017（8）：47-49.